Lahodné pokrmy plné protizánětlivých látek

Průvodce světem anti-zánětlivé kuchyně od odborníka na výživu

JanKubik

souhrn

Pikantní brokolice s květákem, tofu a červenou cibulí 18

Ingredience: 18

Indikace: 19

Pečené fazole a losos 20

Porce: 4 20

Ingredience: 20

Indikace: 21

Mrkvová polévka 22

Porce: 4 22

Ingredience: 22

Indikace: 23

Těstovinový salát 24

Porce: 6 24

Ingredience: 24

Indikace: 24

Cizrnové kari 26

Porce: od 4 do 6 26

Ingredience: 26

Indikace: 27

Stroganoff z mletého masa: 29

Indikace: 29

Bezlepková loutka s kuřecími nudlemi 31

Porce: 4 31

Ingredience: 31

Čočkové kari 33
Porce: 4 33
Ingredience: 33
Indikace: 34
Restované kuře a hrášek 36
Porce: 4 36
Ingredience: 36
Indikace: 37
Šťavnatá brokolice s mandlemi a ančovičkami Porce: 6 38
Ingredience: 38
Indikace: 38
Shiitake a špenátový koláč 40
Porce: 8 40
Ingredience: 40
Indikace: 41
Salát z květáku a brokolice 42
Porce: 6 42
Ingredience: 42
Indikace: 43
Čínský kuřecí salát 44
Porce: 3 44
Ingredience: 44
Indikace: 45
Plněné papriky s quinoa 46
Porce: 4 46
Ingredience: 46
Křupavé rybí filé 48

Porce: 4 48

Ingredience: 48

Indikace: 48

Proteinové fazole 50

Ingredience: 50

Asijský nudlový salát: 53

Indikace: 53

Losos a zelené fazolky 55

Porce: 4 55

Ingredience: 55

Indikace: 56

Kuře plněné sýrem: 57

Indikace: 58

Raketa a Gorgonzola 59

Porce: 4 59

Ingredience: 59

Indikace: 59

Zelňačka 61

Porce: 6 61

Ingredience: 61

Květáková rýže 62

Porce: 4 62

Ingredience: 62

Indikace: 62

Omeleta se špenátem a sýrem feta 64

Porce: 4 64

Ingredience: 64

Indikace: 64

Česnekové krevety s nastrouhaným květákem Porce: 2 66

Ingredience: 66

Indikace: 67

Brokolice a tuňák 68

Porce: 1 68

Ingredience: 68

Indikace: 68

Polévka z dýně a krevet 70

Porce: 4 70

Ingredience: 70

Indikace: 71

Chutné pečené krůtí masové kuličky 72

Porce: 6 72

Ingredience: 72

Indikace: 73

Polévka ze škeblí 74

Porce: 4 74

Ingredience: 74

Indikace: 75

Rýže a kuře 76

Porce: 4 76

Ingredience: 76

Indikace: 77

Dušené krevety Jambalaya 79

Porce: 4 79

Ingredience: 79

Chilli kuře: 6 81

Ingredience: 81

Indikace: 82

Česneková a čočková polévka 83

Porce: 4 83

Ingredience: 83

Tilapia Tacos se zázvorem a sezamem 85

Ingredience: 85

Indikace: 85

Čočkový guláš na kari 87

Porce: 4 87

Ingredience: 87

Indikace: 88

Kapustový Caesar salát s grilovaným kuřecím masem 89

Porce: 2 89

Ingredience: 89

Indikace: 90

Špenátový salát 91

Porce: 1 91

Ingredience: 91

Indikace: 91

Losos v krustě s vlašskými ořechy a rozmarýnem Porce: 6 92

Ingredience: 92

Indikace: 93

Zapečené sladké brambory s omáčkou z červeného tahini: 4 94

Ingredience: 94

Indikace: 95

Italská letní squashová polévka 96

Porce: 4 96

Ingredience: 96

Indikace: 97

Polévka se šafránem a lososem 98

Porce: 4 98

Ingredience: 98

Horká thajská ochucená krevetová a houbová polévka 100

Ingredience: 100

Indikace: 101

Ječmen se sušenými rajčaty 103

Ingredience: 103

Indikace: 103

Polévka z hub a červené řepy 105

Porce: 4 105

Ingredience: 105

Indikace: 105

Kuřecí parmazánové karbanátky 107

Ingredience: 107

Indikace: 107

Masové kuličky Parmigiana 109

Ingredience: 109

Indikace: 110

Krůtí prsa se zlatou zeleninou 112

Ingredience: 112

Indikace: 112

Zelená kari rýže 114

Porce: 8 114

Ingredience: 114

Indikace: 114

Kuřecí, batátová a čočková polévka 116

Porce: 6 116

Ingredience: 116

Indikace: 117

Smetanové vepřové maso s rajčaty 118

Porce: 4 118

Ingredience: 118

Indikace: 119

Vepřové maso s citronem 120

Porce: 2 120

Ingredience: 120

Kuře s brokolicí 122

Porce: 4 122

Ingredience: 122

Indikace: 122

Křupavé kuře 124

Porce: 4 124

Ingredience: 124

Indikace: 124

Vepřové maso s houbami a okurkami 125

Porce: 4 125

Ingredience: 125

Indikace: 126

Pečené kuře s balzamikovým octem 127

Porce: 4 127

Ingredience: 127

Indikace: 127

Houbový steak 129

Porce: 4 129

Ingredience: 129

Indikace: 129

Lahodné hovězí maso s venkovskou vůní 130

Porce: 4 130

Ingredience: 130

Indikace: 130

Broskvové kuře 132

Porce: 4-5 132

Ingredience: 132

Indikace: 132

Smažené vepřové maso 134

Porce: 4 134

Ingredience: 134

Indikace: 135

Vepřové maso s artyčoky a petrželkou 136

Porce: 4 136

Ingredience: 136

Indikace: 137

Vepřové maso s batáty a tymiánem 138

Porce: 4 138

Ingredience: 138

Indikace: 139

Vepřové maso na kari 140

Porce: 4 140

Ingredience: 140

Indikace: 141

Smažené kuřecí maso a brokolice 142

Porce: 4 142

Ingredience: 142

Indikace: 142

Středomořské kuřecí plátek se zeleninou 144

Porce: 4 144

Ingredience: 144

Indikace: 144

Kuře a zelené fazolky 146

Porce: 4 146

Ingredience: 146

Indikace: 146

Chutné vepřové maso na španělský způsob 148

Porce: 6 148

Ingredience: 148

Indikace: 149

Kuřecí maso a růžičková kapusta 150

Porce: 4 150

Ingredience: 150

Indikace: 150

Kuřecí parmazán 152

Porce: 4 152

Ingredience: 152

Indikace: 152

Indické kuře na kari 154

Porce: 6 154

Ingredience: 154

Indikace: 155

Vepřové maso s balzamikovou omáčkou a cibulí 157

Porce: 4 157

Ingredience: 157

Indikace: 158

Ingredience: 158

Indikace: 159

Vepřové maso s hruškami a zázvorem 160

Porce: 4 160

Ingredience: 160

Indikace: 160

Máslové kuře 162

Porce: 6 162

Ingredience: 162

Indikace: 162

Lahodné kuřecí křídla 164

Porce: 4-5 164

Ingredience: 164

Indikace: 164

Penne s kuřecím masem a sněhovým hráškem 166

Porce: 1-2 166

Ingredience: 166

Indikace: 166

Kuřecí meruňková křídla 168
Počet porcí: 3-4 168
Ingredience: 168
Indikace: 168
Papriková kuřecí stehnaPorce: 4 170
Ingredience: 170
Indikace: 170
Křupavé kuře 171
Porce: 4 171
Ingredience: 171
Indikace: 171
Šampion kuře 173
Porce: 4 173
Ingredience: 173
Indikace: 173
Grilované kuřecí nugety 175
Porce: 4 175
Ingredience: 175
Indikace: 176
Kuře a ředkvičkyPorce: 4 177
Ingredience: 177
Indikace: 177
Kuře Katsu 178
Porce: 4 178
Ingredience: 178
Indikace: 179
Kuřecí maso a sladký bramborový guláš 180

Porce: 4 180

Ingredience: 180

Indikace: 180

Rozmarýnová hovězí žebra 182

Porce: 4 182

Ingredience: 182

Indikace: 182

Kuřecí, pepřová a špenátová omeleta 184

Porce: 8 184

Ingredience: 184

Indikace: 184

Speciál pečené kuře 186

Porce: 4 186

Ingredience: 186

Indikace: 186

Kuřecí Taquitos 188

Porce: 6 188

Ingredience: 188

Indikace: 189

Pečené kuře a avokádo 190

Porce: 4 190

Ingredience: 190

Indikace: 190

Pečená kachní prsa z pěti koření 192

Porce: 4 192

Ingredience: 192

Indikace: 192

Vepřová žebírka s rajčatovou omáčkou Počet porcí: 4 195

Ingredience: 195

Indikace: 196

Toskánské kuře s rajčaty, olivami a cuketou 197

Ingredience: 197

Indikace: 198

Chutné bylinkové vepřové maso 199

Porce: 4 199

Ingredience: 199

Indikace: 200

Vepřové maso a zelené fazolky 201

Porce: 4 201

Ingredience: 201

Indikace: 202

Zdravá kuřecí prsaPorce: 4 203

Ingredience: 203

Indikace: 203

Vepřové maso s cuketou a rajčaty s chilli 204

Porce: 4 204

Ingredience: 204

Indikace: 205

Vepřové maso s olivami 206

Porce: 4 206

Ingredience: 206

Indikace: 206

Losos s koprovou paštikou 208

Ingredience: 208

Indikace: 208

Pečená jablka s kořením Chai 209

Porce: 5 209

Ingredience: 209

Indikace: 209

Křupavé a chutné broskve 211

Porce: 6 211

Ingredience: 211

Indikace: 212

Broskvová omáčka 213

Porce: 2 213

Ingredience: 213

Indikace: 213

Mrkev a dýňová semínka 214

Ingredience: 214

Indikace: 214

Avokádové hranolky 216

Porce: 8 216

Ingredience: 216

Indikace: 217

Pikantní brokolice s květákem, tofu a červenou cibulí

Porce: 2

Doba vaření: 25 minut

Ingredience:

2 šálky růžičky brokolice

2 šálky růžičky květáku

1 střední červená cibule, nakrájená na kostičky

3 lžíce extra panenského olivového oleje

1 lžička soli

¼ lžičky čerstvě mletého černého pepře

1 lb. pevného tofu, nakrájeného na 1-palcové kostky

1 stroužek česneku, nasekaný

1 kus (¼ palce) čerstvého zázvoru, mletého

Indikace:

1. Předehřejte troubu na 400 °F.

2. Smíchejte brokolici, květák, cibuli, olej, sůl a pepř na velkém pečicím plechu s okrajem a dobře promíchejte.

3. Restujte, dokud zelenina nezměkne, 10 až 15 minut.

4. Přidejte tofu, česnek a zázvor. Opečte do 10 minut.

5. Ingredience na pánvi jemně promíchejte, aby se tofu spojilo se zeleninou a podávejte.

Nutriční informace:Kalorie 210 Celkový tuk: 15 g Celkový počet sacharidů: 11 g Cukr: 4 g Vláknina: 4 g Bílkoviny: 12 g Sodík: 626 mg

Pečené fazole a losos

Porce: 4

Doba vaření: 25 minut

Ingredience:

1 šálek konzervovaných černých fazolí, scezených a opláchnutých 4 stroužky česneku, nasekané

1 žlutá cibule, nakrájená

2 lžíce olivového oleje

4 filety lososa bez kostí

½ lžičky koriandru, mletého

1 lžička prášku z kurkumy

2 nakrájená rajčata

½ šálku kuřecího vývaru

Špetka soli a černého pepře

½ lžičky semínek kmínu

1 lžíce nasekané pažitky

Indikace:

1. Rozpálíme pánev s olejem na střední teplotu, přidáme cibuli a česnek a restujeme 5 minut.

2. Přidejte rybu a opékejte ji z každé strany 2 minuty.

3. Přidejte fazole a ostatní přísady, jemně promíchejte a vařte dalších 10 minut.

4. Směs rozdělte na talíře a ihned podávejte k obědu.

<u>Nutriční informace:</u>kalorií 219, tuky 8, vláknina 8, sacharidy 12, bílkoviny 8

Mrkvová polévka

Porce: 4

Doba vaření: 40 minut

Ingredience:

1 šálek máslové dýně, nasekané

1 polévková lžíce. Olivový olej

1 polévková lžíce. Kurkumový prášek

14 1/2 unce Kokosové mléko, světlé

3 šálky mrkve, nakrájené

1 pórek, opláchnutý a nakrájený na plátky

1 polévková lžíce. Strouhaný zázvor

3 šálky zeleninového vývaru

1 šálek fenyklu, nakrájeného

Sůl a pepř na dochucení

2 stroužky česneku, nasekané

Indikace:

1. Začněte rozehřátím holandské trouby na středně vysokou teplotu.

2. V tuto chvíli přidejte olej a poté přidejte fenykl, dýni, mrkev a pórek. Dobře promíchejte.

3. Nyní smažte 4-5 minut nebo dokud nezměknou.

4. Dále přidejte kurkumu, zázvor, pepř a česnek. Vařte ještě 1 až 2 minuty.

5. Dále zalijeme vývarem a kokosovým mlékem. Dobře kombinujte.

6. Poté přiveďte směs k varu a zakryjte holandskou troubu.

7. Nechte 20 minut vařit.

8. Po uvaření přeneste směs do mixéru na vysokou rychlost a mixujte 1 až 2 minuty nebo dokud nezískáte krémovou a hladkou polévku.

9. Zkontrolujte koření a v případě potřeby přidejte další sůl a pepř.

Nutriční informace:Kalorie: 210,4 kcal Bílkoviny: 2,11 g Sacharidy: 25,64 g Tuky: 10,91 g

Těstovinový salát

Porce: 6

Doba vaření: 10 minut

Ingredience:

1 balení bezlepkových fusilli

1 šálek cherry rajčat, nakrájených na plátky

1 hrst čerstvého koriandru, nasekaného

1 šálek oliv, napůl

1 šálek čerstvé bazalky, nasekané

½ šálku olivového oleje

Mořská sůl podle chuti

Indikace:

1. Prošlehejte olivový olej, nasekanou bazalku, koriandr a mořskou sůl.

Odložit stranou.

2. Těstoviny uvařte podle návodu na obalu, sceďte a propláchněte.

3. Smíchejte těstoviny s rajčaty a olivami.

4. Přidejte směs olivového oleje a míchejte, dokud se dobře nesmíchá.

Nutriční informace: Celkový obsah sacharidů 66 g Vláknina: 5 g Bílkoviny: 13 g Celkový obsah tuků: 23 g Kalorie: 525

Cizrnové kari

Porce: od 4 do 6

Doba vaření: 25 minut

Ingredience:

2 × 15 uncí Cizrna, omytá, okapaná a uvařená 2 polévkové lžíce. Olivový olej

1 polévková lžíce. Kurkumový prášek

½ z 1 cibule, nakrájené na kostičky

1 čajová lžička. Cayenne, dolů

4 stroužky česneku, nasekané

2 lžičky Chilli prášek

15 oz. Rajčatové pyré

Černý pepř podle chuti

2 polévkové lžíce. Rajčatová pasta

1 čajová lžička. Cayenne, dolů

½ polévkové lžíce. Javorový sirup

½ z 15 oz. plechovka kokosového mléka

2 lžičky Kmín, mletý

2 lžičky Uzená paprika

Indikace:

1. Rozpalte velkou pánev na středně vysokou teplotu. K tomu lžíci oleje.

2. Když se olej rozpálí, přidejte cibuli a opékejte 3-4

minut nebo do změknutí.

3. Dále přidejte rajčatový protlak, javorový sirup, všechna koření, rajčatový protlak a česnek. Dobře promíchejte.

4. Dále přidejte uvařenou cizrnu spolu s kokosovým mlékem, černým pepřem a solí.

5. Nyní vše dobře promícháme a necháme 8-10 provařit

minut nebo do zhoustnutí.

6. Přelijte limetkovou šťávou a podle potřeby ozdobte koriandrem.

Nutriční informace: Kalorie: 224 kcal Bílkoviny: 15,2 g Sacharidy: 32,4 g Tuky: 7,5 g

Stroganoff z mletého masa:

1 libra libového mletého hovězího masa

1 malá nakrájená cibule

1 nasekaný stroužek česneku

3/4 lb čerstvých nakrájených hub

3 lžíce mouky

2 šálky hovězího vývaru

Sůl a pepř na dochucení

2 lžičky worcesterské omáčky

3/4 šálku zakysané smetany

2 lžíce čerstvé petrželky

Indikace:

1. Tmavě zbarvený burger, cibuli a česnek (snažte se je o nic nerozštípnout) pomelte na talíři, dokud nebudou růžové. Tukový kanál.

2. Přidejte nakrájené houby a vařte 2-3 minuty. Smícháme mouku a postupně vaříme 1 minutu.

3. Přidejte vývar, worcesterskou omáčku, sůl a pepř a zahřejte k varu. Snižte teplotu a vařte 10 minut.

Uvařte vaječné nudle, jak je naznačeno v hlavičce svazku.

4. Masovou směs stáhněte z ohně, přidejte zakysanou smetanu a petrželku.

5. Podávejte přes vaječné nudle.

Bezlepková loutka s kuřecími nudlemi

Porce: 4

Doba vaření: 25 minut

Ingredience:

¼ šálku extra panenského olivového oleje

3 stonky celeru, nakrájené na ¼-palcové plátky

2 střední mrkve, nakrájené na ¼-palcové kostky

1 malá cibule, nakrájená na ¼-palcové kostky

1 snítka čerstvého rozmarýnu

4 šálky kuřecího vývaru

8 uncí bezlepkového penne

1 lžička soli

¼ lžičky čerstvě mletého černého pepře

2 šálky na kostičky nakrájené grilované kuře

¼ šálku jemně nasekané čerstvé ploché listové petrželky<u>Indikace:</u>

1. Ve velkém hrnci rozehřejte olej na vysokou teplotu.

2. Přidejte celer, mrkev, cibuli a rozmarýn a restujte do změknutí, 5 až 7 minut.

3. Přidejte vývar, penne, sůl, pepř a přiveďte k varu.

4. Přiveďte k varu a vařte, dokud penne nezměkne, 8 až 10 minut.

5. Vyjměte a vyhoďte snítku rozmarýnu a přidejte kuře a petržel.

6. Snižte teplotu na minimum. Uvařte do 5 minut a podávejte.

Nutriční informace:Kalorie 485 Celkový tuk: 18 g Celkový počet sacharidů: 47 g Cukr: 4 g Vláknina: 7 g Bílkoviny: 33 g Sodík: 1423 mg

Čočkové kari

Porce: 4

Doba vaření: 40 minut

Ingredience:

2 lžičky Hořčičná semínka

1 čajová lžička. Kurkuma, mletá

1 hrnek čočky, namočené

2 lžičky Semínka kmínu

1 rajče, velké a nakrájené

1 žlutá cibule, nakrájená nadrobno

4 šálky vody

Mořská sůl, je-li potřeba

2 mrkve, nakrájené na půlměsíčky

3 hrsti listového špenátu, nastrouhaného

1 čajová lžička. Zázvor, nakrájený

½ lžičky. Chilli prášek

2 polévkové lžíce. Kokosový olej

Indikace:

1. Nejprve dejte fazole mungo a vodu do hluboké pánve na středně vysokou teplotu.

2. Nyní přiveďte fazolovou směs k varu a nechte provařit.

3. Vařte během 20-30 minut nebo dokud fazole mungo nezměknou.

4. Dále zahřejte kokosový olej ve velkém hrnci na střední teplotu a vmíchejte hořčičná semínka a kmín.

5. Pokud hořčičná semínka prasknou, vložíme cibuli. Osmahneme cibuli pro 4 osoby

minut nebo do změknutí.

6. Přidejte česnek a pokračujte v opékání další minutu.

Jakmile je aromatická, přidejte kurkumu a chilli prášek.

7. Poté přidejte mrkev a rajče. Vařte 6 minut nebo do změknutí.

8. Nakonec přidáme uvařenou čočku a vše dobře promícháme.

9. Vmícháme špenátové listy a restujeme, dokud nezvadnou. Odstraňte z tepla. Podávejte horké a vychutnejte si to.

Nutriční informace: Kalorie 290 kcal Bílkoviny: 14 g Sacharidy: 43 g Tuky: 8 g

Restované kuře a hrášek

Porce: 4

Doba vaření: 10 minut

Ingredience:

1 1/4 šálku vykostěných kuřecích prsou bez kůže, na tenké plátky nakrájené

3 lžíce čerstvého koriandru, nasekaného

2 polévkové lžíce rostlinného oleje

2 lžíce sezamových semínek

1 svazek šalotky, nakrájené na tenké plátky

2 lžičky Sriracha

2 stroužky česneku, nasekané

2 lžíce rýžového octa

1 paprika, nakrájená na tenké plátky

3 lžíce sojové omáčky

2 ½ šálků lupínkového hrášku

Sůl podle chuti

Čerstvě mletý černý pepř, podle chuti

Indikace:

1. Na pánvi na středním plameni rozehřejte olej. Přidejte česnek a na tenké plátky nakrájenou šalotku. Vařte minutu a poté přidejte 2 1/2 šálku lupínkového hrášku spolu s paprikou. Vařte do měkka, jen asi 3 až 4 minuty.

2. Přidejte kuře a vařte asi 4–5 minut, nebo dokud nebude propečené.

3. Přidejte 2 lžičky Sriracha, 2 lžíce sezamových semínek, 3

lžíce sójové omáčky a 2 lžíce rýžového octa. Vše promíchejte, dokud se dobře nesmíchá. Na mírném ohni vařte během 2-3 minut.

4. Přidejte 3 lžíce nasekaného koriandru a dobře promíchejte. Přeneste a posypte sezamovými semínky a extra koriandrem, pokud je potřeba. Užívat si!

Nutriční informace:228 kalorií 11g Tuk 11g Celkový počet sacharidů 20g Bílkoviny

Šťavnatá brokolice s mandlemi a ančovičkami

Porce: 6

Doba vaření: 10 minut

Ingredience:

2 svazky brokolice, nakrájené

1 polévková lžíce extra panenského olivového oleje

1 čerstvá dlouhá červená chilli papričка zbavená semínek, nadrobno nasekané 2 stroužky česneku, nakrájené na tenké plátky

¼ šálku přírodních mandlí, hrubě nasekaných

2 lžičky citronové kůry, jemně nastrouhané

Šťáva z čerstvé citronové šťávy

4 ančovičky v oleji, nasekané

Indikace:

1. Ve velkém hrnci rozehřejte olej, dokud nebude horký. Přidejte scezené ančovičky, česnek, chilli papričku a citronovou kůru. Vaříme do 30

sekund za častého míchání. Přidejte mandle a pokračujte ve vaření další minutu za častého míchání. Odstraňte z ohně a přidejte šťávu z čerstvého citronu.

2. Poté vložte brokolici do parního košíku nad hrncem s vroucí vodou. Přikryjte a vařte do křupava, 2

ve 3 minutách. Dobře je sceďte a poté přendejte do velké servírovací mísy. Doplňte mandlovou směsí. Užívat si.

Nutriční informace:kcal 350 Tuky: 7 g Vláknina: 3 g Bílkoviny: 6 g

Shiitake a špenátový koláč

Porce: 8

Doba vaření: 15 minut

Ingredience:

1 1/2 šálku houby shiitake, mleté

1 1/2 šálku špenátu, nakrájeného

3 stroužky česneku, nasekané

2 cibule, nakrájené

4 lžičky olivový olej

1 vejce

1 1/2 šálku quinoa, vařené

1 1/2 lžičky. Italský dresink

1/3 šálku pražených slunečnicových semínek, mletých

1/3 šálku strouhaného pecorina

Indikace:

1. V hrnci rozehřejte olivový olej. Jakmile jsou houby horké, opékejte houby shiitake po dobu 3 minut nebo dokud nebudou lehce opečené. Přidejte česnek a cibuli. Smažte 2 minuty nebo dokud nebude voňavé a průsvitné. Odložit stranou.

2. Ve stejném hrnci rozehřejte zbývající olivový olej. Přidejte špenát. Snižte teplotu, poté vařte 1 minutu, sceďte a přendejte do cedníku.

3. Špenát nasekáme nadrobno a přidáme k houbové směsi. Přidejte vejce do špenátové směsi. Vmíchejte uvařenou quinou – pokapejte italským kořením a poté míchejte, dokud se dobře nespojí. Posypeme slunečnicovými semínky a sýrem.

4. Špenátovou směs rozdělte na placičky — placičky uvařte do 5

minut nebo dokud nebude pevná a zlatavě hnědá. Podávejte s burgerovým chlebem.

Nutriční informace:Kalorie 43 Sacharidy: 9 g Tuky: 0 g Bílkoviny: 3 g

Salát z květáku a brokolice

Porce: 6

Doba vaření: 20 minut

Ingredience:

¼ lžičky Mletý černý pepř

3 šálky růžičky květáku

1 polévková lžíce. Ocet

1 čajová lžička. Miláček

8 šálků límcové zeleniny, nakrájené

3 šálky růžičky brokolice

4 polévkové lžíce. Extra panenský olivový olej

½ lžičky. sůl

1 1/2 lžičky. dijonská hořčice

1 čajová lžička. Miláček

½ šálku sušených třešní

1/3 šálku pekanových ořechů, nasekaných

1 šálek sýra Manchego, nastrouhaný

Indikace:

1. Předehřejte troubu na 450 °F a umístěte pekáč na střední mřížku.

2. Dále dejte růžičky květáku a brokolice do velké mísy.

3. K tomu přidejte polovinu soli, dvě lžíce oleje a pepř. Obsazení dobře.

4. Nyní směs přendejte na předehřátý plech a pečte 12 minut a mezitím jednou otočte.

5. Když změkne a zezlátne, vyndejte ho z trouby a nechte úplně vychladnout.

6. Mezitím v jiné misce smíchejte zbývající dvě lžíce oleje, ocet, med, hořčici a sůl.

7. Natřete tuto směs na listy zelí tak, že je rukama napíšete na listy. Odložte na 3-5 minut.

8. Nakonec do salátu s brokolicí a květákem zapracujte pečené zelí, sýr, třešně a pekanové ořechy.

Nutriční informace:Kalorie: 259 kcal Bílkoviny: 8,4 g Sacharidy: 23,2 g Tuky: 16,3 g

Čínský kuřecí salát

Porce: 3

Doba vaření: 25 minut

Ingredience:

1 střední zelená cibule (nakrájená na tenké plátky)

2 vykostěná kuřecí prsa

2 lžíce sojové omáčky

¼ lžičky bílého pepře

1 lžíce sezamového oleje

4 šálky římského salátu (nakrájeného)

1 hrnek zelí (nakrájené)

¼ šálku malých kostek mrkve

¼ šálku na tenké plátky nakrájených mandlí

¼ šálku nudlí (pouze pro podávání)

Chcete-li vyrobit čínské koření:

1 nasekaný stroužek česneku

1 lžička sójové omáčky

1 lžíce sezamového oleje

2 lžíce rýžového octa

1 polévková lžíce cukru

Indikace:

1. Čínské koření připravíme tak, že všechny ingredience rozšleháme v míse.

2. V misce marinujte kuřecí prsa v česneku, olivovém oleji, sójové omáčce a bílém pepři po dobu 20 minut.

3. Plech vložte do předehřáté trouby (na 225°C).

4. Kuřecí prsa vložte do pekáče a pečte téměř 20

minut.

5. Salát připravíte spojením římského salátu, zelí, mrkve a jarní cibulky.

6. Pro podávání položte na talíř kus kuřete a navrch salát. Nalijte trochu dresinku nahoru spolu s nudlemi.

Nutriční informace:Kalorie 130 Sacharidy: 10 g Tuky: 6 g Bílkoviny: 10 g

Plněné papriky s quinoa

Porce: 4

Doba vaření: 1 hodina a 10 minut

Ingredience:

2 polévkové lžíce amarantu

1 střední cuketa, oloupaná, nastrouhaná

2 vyzrálá rajčata, nakrájená na kostičky

2/3 šálku (asi 135 g) quinoy

1 cibule, středně velká, nakrájená nadrobno

2 prolisované stroužky česneku

1 lžička mletého kmínu

2 lžíce lehce opražených slunečnicových semínek 75 g ricotty, čerstvé

2 lžíce rybízu

4 velké papriky, podélně rozpůlené a zbavené semínek 2 lžíce plocholisté petrželky, nahrubo nasekanéIndikace:

1. Plech, nejlépe velký, vyložte pečicím papírem (nepřilnavý) a poté si předem předehřejte troubu na 350 F. Naplňte středně velký kastrol asi půl litrem vody a poté přidejte amarant a quinou; přiveďte k varu na mírném ohni. Po dokončení snižte teplotu na nízkou; zakryjte a vařte, dokud nejsou fazole al dente a voda se vsákne, 12-15

minut. Sundejte z plotny a dejte stranou.

2. Mezitím si velkou pánev lehce potřete olejem a zahřejte na středním plameni. Jakmile se zahřeje, přidejte cibuli a cuketu a za častého míchání několik minut vařte do změknutí. Přidejte kmín a česnek; vařte jednu minutu. Sundejte z plotny a dejte stranou vychladnout.

3. Do mísy, nejlépe velké, dejte zrna, cibulovou směs, slunečnicová semínka, rybíz, petržel, ricottu a rajče; ingredience dobře promíchejte, dokud se dobře nespojí: dochuťte pepřem a solí podle chuti.

4. Papriky naplňte připravenou směsí quinoa a uložte na plech, plech přikryjte alobalem — Pečte 17–20

minut. Odstraňte alobal a pečte dalších 15 až 20 minut, dokud nebude náplň zlatavě hnědá a zelenina měkká.

<u>Nutriční informace:</u>kcal 200 Tuky: 8,5 g Vláknina: 8 g Bílkoviny: 15 g

Křupavé rybí filé

Porce: 4

Doba vaření: 10 minut

Ingredience:

¼ hrnku celozrnné strouhanky

¼ šálku strouhaného parmazánu

¼ lžičky mořské soli ¼ lžičky mletého pepře

1 polévková lžíce. 4 kusy filé tilapie na olivovém oleji

Indikace:

1. Předehřejte troubu na 375 °F.

2. V míse smíchejte strouhanku, parmezán, sůl, pepř a olivový olej.

3. Dobře promíchejte, dokud nevznikne homogenní směs.

4. Směsí potřeme filety a položíme je na lehce posypaný plech.

5. Vložte pečivo do trouby.

6. Vařte 10 minut, dokud nejsou filety propečené a nahnědlé.

Nutriční informace:Kalorie: 255 Tuky: 7 g Bílkoviny: 15,9 g Sacharidy: 34 g Vláknina: 2,6 g

Proteinové fazole

Ingredience:

Pravá nebo oceánská sůl

Olivový olej

12 oz. skupina podobně velkých skořápek (asi 40) 1 libra zpevněného nakrájeného špenátu

2 nebo 3 stroužky česneku, oloupané a rozdělené

15 až 16 uncí. tvaroh čedar (ideálně plnotučné/mléko) 2 vejce

1 plechovka bílých fazolí (například cannellini), scezená a propláchnutá

½ C zelené pesto, vyrobené na zakázku nebo z místních zdrojů. Mletý černý pepř

3 C (nebo více) marinara omáčka

Strouhaný parmazán nebo čedar (volitelně)<u>Indikace:</u>

1. V obrovském hrnci zahřejte alespoň 5 litrů vody k varu (nebo rozpracujte na dvě menší hrudky). Přidejte lžíci soli, kapku olivového oleje a skořápky. Probublávejte asi 9 minut (nebo dokud není extrémně stále trochu tuhé), sporadicky míchejte, aby byly skořápky izolované. Jemně nasypte skořápky do cedníku nebo naberte vodu otevřenou lžící. Rychle omyjte studenou

vodou. Okrajovou ohřívací pánev vyložte plastovou fólií. Pokud jsou skořápky dostatečně chladné, aby se s nimi dalo manipulovat, ručně je oddělte, vypusťte přebytečnou vodu a otvor umístěte do samostatné vrstvy na plechovou nádobu. Prakticky vychladlé postupně potřete průhlednou fólií.

2. Přiveďte pár galonů vody (nebo použijte zbývající vodu na těstoviny, pokud jste ji náhodou nevyhodili) do bubliny v podobném hrnci. Přidejte zpevněný špenát a vařte tři minuty na vysoké teplotě, dokud nezměkne. Cedník vyložte namočenými papírovými utěrkami, aby byly otvory velké, a v tomto okamžiku veďte špenát. Umístěte cedník nad misku, aby vyteklo více, když začnete plnit.

3. Do kuchyňského robotu přidejte pouze česnek a vařte, dokud nebude nakrájený nadrobno a nebude se lepit do stran. Seškrábněte stěny mísy, v tomto bodě přidejte ricottu, vejce, fazole, pesto, 1½

lžičky soli a trochu pepře (důležité zmáčknutí). Špenát v ruce přitlačte, aby dobře vytekla přebytečná voda, a poté přidejte do různých fixací v procesoru živin. Vařte prakticky do hladka, se stále viditelnými kousky špenátu. Navrhuji neochutnat po zahrnutí syrového vejce, ale pro náhodu, že si myslíte, že jeho základní chuť je trochu, a upravit příchuť podle chuti.

4. Předehřejte gril na 350 (F) a osprchujte nebo jemně namažte gril 9 x 13" pánev plus další menší miska na guláš (asi 8-10 skořápek se do 9 x 13 nevejde). Chcete-li naplnit skořápky, vezměte postupně každou z nich a držte ji otevřenou palcem a ukazováčkem své nedominantní ruky. Naberte 3

nebo 4 lžíce nakládáním druhou rukou a seškrábněte do skořápky. Většina z nich nebude vypadat skvěle, což je dobře! Naplněné skořápky umístěte blízko sebe do připravené nádoby. Omáčku přelijte přes skořápky a nechte nezaměnitelné kousky zelené náplně. Nádobu potřete kontraovocem a připravte na 30 minut. Zvyšte teplotu na 375 (F), posypte skořápky trochou mletého parmezánu (pokud používáte) a zahřejte dalších 5

až 10 minut, dokud se čedar nerozpustí a dostatek vlhkosti nezmizí.

5. Chlaďte 5 až 10 minut, poté podávejte samostatně nebo s čerstvým talířem míchané zeleniny jako dodatek!

Asijský nudlový salát:

8 uncí délky světlé celozrnné těstoviny - např. špagety (použijte soba nudle, aby byly bezlepkové) 24 uncí manské brokolice - 2 12 uncových sáčků 4 unce mleté mrkve

1/4 šálku extra panenského olivového oleje

1/4 šálku rýžového octa

3 polévkové lžíce nektaru: Použijte světlý agávový nektar k přípravě milovníka zeleniny

3 lžíce hladkého oříškového krému

2 polévkové lžíce sójové omáčky s nízkým obsahem sodíku – v případě potřeby bezlepková 1 polévková lžíce pepřové omáčky Sriracha – nebo česnekové chilli omáčky, plus navíc podle chuti

1 lžíce mletého nového zázvoru

2 lžičky mletého česneku - asi 4 stroužky 3/4 šálku grilovaných, nesolených arašídů - obvykle nasekaných 3/4 šálku čerstvého koriandru - jemně nasekaného

Indikace:

1. Ohřejte obrovský hrnec s osolenou vodou k bodu varu. Vařte nudle, dokud nejsou stále mírně tuhé, podle hlavičky svazku. Sceďte a rychle

propláchněte studenou vodou, abyste se zbavili přebytečného škrobu a přestaňte vařit, poté se přesuňte do velké servírovací mísy. Zahrňte brokolici a mrkev.

2. Zatímco se těstoviny vaří, prošlehejte olivový olej, rýžový ocet, nektar, ořechovou pomazánku, sójovou omáčku, sriarchu, zázvor a česnek. Nalijte na nudlovou směs a zahřejte, aby ztuhla. Přidejte arašídy a koriandr a znovu prošlehejte. Podávejte vychlazené nebo při pokojové teplotě s extra omáčkou Sriracha podle chuti.

3. Poznámky ke vzorci

4. Asijský nudlový salát můžeme podávat studený nebo pokojové teploty.

Skladujte v lednici ve vodotěsném/vzduchotěsném držáku po dobu až 3 dnů.

Losos a zelené fazolky

Porce: 4

Doba vaření: 26 minut

Ingredience:

2 lžíce olivového oleje

1 žlutá cibule, nakrájená

4 filety lososa bez kostí

1 šálek zelených fazolek, oloupaných a rozpůlených

2 stroužky česneku, nasekané

½ šálku kuřecího vývaru

1 lžička chilli prášku

1 lžička sladké papriky

Špetka soli a černého pepře

1 lžíce nasekaného koriandru

Indikace:

1. Rozpálíme pánev s olejem na střední teplotu, přidáme cibuli, promícháme a 2 minuty restujeme.

2. Přidejte rybu a opékejte ji z každé strany 2 minuty.

3. Přidejte zbytek surovin, jemně promíchejte a vše pečte na 360 stupňů 20 minut.

4. Vše rozdělte na talíře a podávejte k obědu.

<u>Nutriční informace:</u>kalorií 322, tuky 18,3, vláknina 2, sacharidy 5,8, bílkoviny 35,7

Kuře plněné sýrem:

2 šalotky (libový řez)

2 jalapeños bez pecek (nakrájené najemno)

1/4 c. koriandr

1 čajová lžička. limetková pizza

4 unce. Monterey Jack Cheddar (hrubě mletý) 4 malá vykostěná kuřecí prsa bez kůže

3 polévkové lžíce. olivový olej

sůl

Pepř

3 polévkové lžíce. limetkový džus

2 papriky (jemně nakrájené)

1/2 malé červené cibule (nakrájené řídce)

5 c. natrhaný římský salát

Indikace:

1. Zahřejte gril na 450 ° F. V misce spojte šalotku bez pecek a jalapeňos, 1/4 šálku koriandru (nasekaného) a limetkovou limetku, v tu chvíli přidejte čedar Monterey Jack.

2. Vložte čepel do nejtlustšího kousku každého vykostěného kuřecího prsíčka bez kůže a pohybujte se tam a zpět, abyste vytvořili kapsu o velikosti 2 1/2 palce, která je asi tak široká, jak si lze bez pokusů představit. Kuře naplňte směsí čedaru.

3. Zahřejte 2 lžíce olivového oleje na velké pánvi na středním plameni.

Kuře osolte a opepřete a opékejte z jedné strany do tmavšího odstínu, 3 až 4 minuty. Kuře otočte a opékejte, dokud nebude propečené, 10 až 12 minut.

4. Mezitím si ve velké míse prošlehejte limetkovou šťávu, 1

lžíce olivového oleje a 1/2 lžičky soli. Přidejte papriku a červenou cibuli a nechte 10 minut stát, sporadicky promíchejte. Smíchejte s římským salátem a 1 šálkem čerstvého koriandru. Dávejte s kuřecím masem a plátky limetky.

Raketa a Gorgonzola

Porce: 4

Doba vaření: 0 minut

Ingredience:

1 svazek raket, vyčištěný

1 hruška, nakrájená na tenké plátky

1 polévková lžíce čerstvé citronové šťávy

1 stroužek česneku rozdrcený

1/3 šálku gorgonzoly, rozdrobené

1/4 šálku zeleninového vývaru, snížený obsah sodíku

Čerstvě mletý pepř

4 lžičky olivového oleje

1 lžíce jablečného octa

Indikace:

1. Plátky hrušek a citronovou šťávu dejte do mísy. Promícháme na potah.

Plátky hrušek rozložte spolu s rukolou na servírovací talíř.

2. V misce smíchejte ocet, olej, sýr, vývar, pepř a česnek. Nechte 5 minut působit, česnek vyjměte. Nalijte dresink a poté podávejte.

Nutriční informace:Kalorie 145 Sacharidy: 23 g Tuky: 4 g Bílkoviny: 6 g

Zelňačka

Porce: 6

Doba vaření: 35 minut

Ingredience:

1 žlutá cibule, nakrájená

1 hlávka zeleného zelí, nakrájená

2 lžíce olivového oleje

5 šálků zeleninového vývaru

1 mrkev, oloupaná a nastrouhaná

Špetka soli a černého pepře

1 lžíce nasekaného koriandru

2 lžičky tymiánu, mletého

½ lžičky uzené papriky

½ lžičky pálivé papriky

1 polévková lžíce citronové šťávy

Květáková rýže

Porce: 4

Doba vaření: 10 minut

Ingredience:

¼ šálku oleje na vaření

1 polévková lžíce. Kokosový olej

1 polévková lžíce. Kokosový cukr

4 šálky květáku, rozdělené na růžičky ½ lžičky. sůl

Indikace:

1. Nejprve zpracujte květák v kuchyňském robotu a zpracujte 1 až 2 minuty.

2. Ve velké pánvi rozehřejte olej na středním plameni, poté do pánve přidejte květák, kokosový cukr a sůl.

3. Dobře je promíchejte a vařte 4–5 minut nebo dokud květák nezměkne.

4. Nakonec vlijte kokosové mléko a vychutnejte si.

Nutriční informace:Kalorie 108 kcal Bílkoviny: 27,1 g Sacharidy: 11 g Tuky: 6 g

Omeleta se špenátem a sýrem feta

Porce: 4

Doba vaření: 10 minut

Ingredience:

½ malé hnědé cibule

250 g baby špenátu

½ šálku sýra feta

1 lžíce česnekové pasty

4 rozšlehaná vejce

Směs koření

Sůl a pepř na dochucení

1 lžíce olivového oleje

Indikace:

1. Do oleje přidejte najemno nakrájenou cibuli a na středním plameni opékejte.

2. Ke světle hnědé cibuli přidejte špenát a míchejte 2 minuty.

3. Do vajec přidáme studenou špenátovo-cibulovou směs.

4. Nyní přidejte česnekovou pastu, sůl a pepř a směs promíchejte.

5. Tuto směs podusíme a jemně vmícháme vejce.

6. Přidejte fetu přes vejce a umístěte pánev pod předehřátý brojler.

7. Vařte téměř 2 až 3 minuty, dokud omeleta nezezlátne.

8. Podávejte tuto feta omeletu teplou nebo studenou.

Nutriční informace:Kalorie 210 Sacharidy: 5 g Tuky: 14 g Bílkoviny: 21 g

Česnekové krevety s nastrouhaným květákem

Porce: 2

Doba vaření: 15 minut

Ingredience:

Na přípravu krevet

1 libra krevet

2-3 lžíce cajunského koření

sůl

1 lžíce másla/ghí

K přípravě květákové krupice

2 lžíce přepuštěného másla

12 uncí květáku

1 stroužek česneku

Sůl podle chuti

Indikace:

1. Vařte květák a česnek v 8 uncích vody na středním plameni, dokud nezměknou.

2. Rozmixujte křehký květák v kuchyňském robotu s přepuštěným máslem. Postupně přidávejte napařenou vodu, abyste získali správnou konzistenci.

3. Krevety pokapejte 2 lžícemi cajunského koření a nechte marinovat.

4. Ve velké pánvi odeberte 3 lžíce ghí a vařte krevety na středním plameni.

5. Do mísy dejte velkou lžíci krupice květáku a přidejte osmažené krevety.

Nutriční informace:Kalorie 107 Sacharidy: 1 g Tuky: 3 g Bílkoviny: 20 g

Brokolice a tuňák

Porce: 1

Doba vaření: 10 minut

Ingredience:

1 čajová lžička. Extra panenský olivový olej

3 oz. Tuňák ve vodě, nejlépe lehký a velký, scezený 1 polévková lžíce. Vlašské ořechy, hrubě nasekané

2 šálky brokolice, nakrájené nadrobno

½ lžičky. Picante omáčka

Indikace:

1. Začněte smícháním brokolice, dresinku a tuňáka ve velké míse, dokud se dobře nespojí.

2. Poté zeleninu vařte v troubě 3 minuty nebo do změknutí

3. Dále do mísy vmíchejte ořechy a olivový olej a dobře promíchejte.

4. Podávejte a užívejte si.

<u>Nutriční informace:</u>Kalorie 259 kcal Bílkoviny: 27,1 g Sacharidy: 12,9 g Tuky: 12,4 g

Polévka z dýně a krevet

Porce: 4

Doba vaření: 20 minut

Ingredience:

3 lžíce nesoleného másla

1 malá červená cibule, nakrájená nadrobno

1 stroužek česneku, nakrájený na plátky

1 lžička kurkumy

1 lžička soli

¼ lžičky čerstvě mletého černého pepře

3 šálky zeleninového vývaru

2 šálky loupané dýně nakrájené na ¼-palcové kostky 1 libra vařených loupaných krevet, v případě potřeby rozmražených 1 šálek neslazeného mandlového mléka

¼ šálku plátkových mandlí (volitelné)

2 lžíce najemno nasekané čerstvé petrželky 2 lžičky nastrouhané nebo nasekané citronové kůry

Indikace:

1. Ve velkém hrnci rozpusťte máslo na vysoké teplotě.

2. Přidejte cibuli, česnek, kurkumu, sůl a pepř a restujte, dokud nebude zelenina měkká a průsvitná, 5 až 7 minut.

3. Přidejte vývar a patizon a přiveďte k varu.

4. Vařte do 5 minut.

5. Přidejte krevety a mandlové mléko a vařte, dokud se nezahřeje asi 2 minuty.

6. Posypte mandlemi (pokud používáte), petrželkou a citronovou kůrou a podávejte.

<u>Nutriční informace:</u>Kalorie 275 Celkový tuk: 12 g Celkový počet sacharidů: 12 g Cukr: 3 g Vláknina: 2 g Bílkoviny: 30 g Sodík: 1665 mg

Chutné pečené krůtí masové kuličky

Porce: 6

Doba vaření: 30 minut

Ingredience:

1 libra mletého krocana

½ šálku čerstvé strouhanky, bílé nebo celozrnné ½ šálku parmezánu, čerstvě nastrouhaného

½ polévkové lžíce. bazalka, čerstvě nasekaná

½ polévkové lžíce. oregano, nasekané čerstvé

1 ks velké vejce, rozšlehané

1 polévková lžíce. čerstvou nasekanou petrželkou

3 lžíce mléka nebo vody

Špetka soli a pepře

Špetka čerstvě nastrouhaného muškátového oříšku

Indikace:

1. Předehřejte troubu na 350 °F.

2. Vyložte dva zásobníky pergamenovým papírem.

3. Smíchejte všechny ingredience ve velké míse.

4. Ze směsi vytvarujte 1-palcové kuličky a každou kuličku vložte na plech.

5. Vložte pánev do trouby.

6. Pečte 30 minut, nebo dokud není krůta propečená a povrchy hnědé.

7. V polovině vaření masové kuličky jednou otočte.

<u>Nutriční informace:</u>Kalorie: 517 cal Tuky: 17,2 g Bílkoviny: 38,7 g Sacharidy: 52,7 g Vláknina: 1 g

Polévka ze škeblí

Porce: 4

Doba vaření: 15 minut

Ingredience:

2 lžíce nesoleného másla

2 střední mrkve, nakrájené na ½-palcové kousky

2 stonky celeru, nakrájené na tenké plátky

1 malá červená cibule, nakrájená na ¼-palcové kostky

2 stroužky česneku, nakrájené na plátky

2 šálky zeleninového vývaru

1 láhev (8 uncí) šťávy ze škeblí

1 (10 oz) plechovka škeblí

½ lžičky sušeného tymiánu

½ lžičky soli

¼ lžičky čerstvě mletého černého pepře

Indikace:

1. Ve velkém hrnci na vysoké teplotě rozpusťte máslo.

2. Přidejte mrkev, celer, cibuli a česnek a restujte do mírného změknutí, 2 až 3 minuty.

3. Přidejte vývar a šťávu ze škeblí a přiveďte k varu.

4. Přiveďte k varu a vařte, dokud mrkev nezměkne, 3 až 5 minut.

5. Přidejte škeble a jejich šťávu, tymián, sůl a pepř, prohřejte 2 nebo 3 minuty a podávejte.

<u>Nutriční informace:</u>Kalorie 156 Celkový tuk: 7 g Celkový počet sacharidů: 7 g Cukr: 3 g Vláknina: 1 g Bílkoviny: 14 g Sodík: 981 mg

Rýže a kuře

Porce: 4

Doba vaření: 25 minut

Ingredience:

1 libra kuřecích prsou z volného chovu bez kostí a kůže ¼ šálku hnědé rýže

¾ lb houby dle vlastního výběru, nakrájené na plátky

1 nakrájený pórek

¼ šálku mletých mandlí

1 šálek vody

1 polévková lžíce. olivový olej

1 šálek zelených fazolek

½ šálku jablečného octa

2 polévkové lžíce. Univerzální mouka

1 šálek mléka, nízkotučného

¼ šálku čerstvě nastrouhaného parmazánu

¼ šálku zakysané smetany

Špetka mořské soli, v případě potřeby přidejte více

mletý černý pepř, podle chuti

Indikace:

1. Do hrnce nasypte hnědou rýži. Přidejte vodu. Zakryjte a přiveďte k varu. Snižte teplotu a vařte 30 minut nebo dokud rýže není uvařená.

2. Mezitím na pánev přidáme kuřecí prsa a zalijeme tolika vodou, aby bylo pokryto - dochutíme solí. Směs přiveďte k varu, poté snižte teplotu a nechte 10 minut vařit.

3. Kuřecí maso nakrájíme na kousky. Odložit stranou.

4. Zahřejte olivový olej. Vařte pórek do měkka. Přidejte houby.

5. Do směsi nalijte jablečný ocet. Směs restujte, dokud se ocet neodpaří. Do pánve přidejte mouku a mléko.

Posypeme parmazánem a přidáme zakysanou smetanu. Okořeníme černým pepřem.

6. Předehřejte troubu na 350 stupňů F. Zapékací mísu lehce namažte olejem.

7. Do kastrůlku rozprostřete uvařenou rýži, navrch pak nakrájené kuřecí maso a zelené fazolky. Přidejte houbovou a pórkovou omáčku.

Navrch dejte mandle.

8. Pečte do 20 minut nebo dozlatova. Před podáváním nechte vychladnout.

<u>Nutriční informace:</u>Kalorie 401 Sacharidy: 54 g Tuky: 12 g Bílkoviny: 20 g

Dušené krevety Jambalaya

Porce: 4

Doba vaření: 30 minut

Ingredience:

10 oz střední krevety, loupané

¼ šálku celeru, ½ šálku nakrájené cibule, mleté

1 polévková lžíce. olej nebo máslo ¼ lžičky česneku, mletého

¼ lžičky cibulové soli nebo mořské soli

½ šálku rajčatové omáčky ½ lžičky uzené papriky

½ lžičky worcesterské omáčky

⅔ šálku nakrájené mrkve

1/4 šálku kuřecí klobásy, předvařené a nakrájené na kostičky 2 šálky čočky, namočené přes noc a 2 šálky předvařené okry, nakrájené

Špetka drcené červené papriky a černého pepře parmazán, strouhaný na ozdobu (volitelně)Indikace:

1. Krevety, celer a cibuli opékejte s olejem v pánvi na středně vysokém ohni po dobu pěti minut, nebo dokud krevety nezrůžoví.

2. Přidejte zbytek ingrediencí a dále restujte 10

minut nebo dokud zelenina nezměkne.

3. Pro podávání rozdělte směs jambalaya rovnoměrně do čtyř misek.

4. Podle potřeby ozdobte pepřem a sýrem.

<u>Nutriční informace:</u>Kalorie: 529 Tuky: 17,6 g Bílkoviny: 26,4 g Sacharidy: 98,4 g Vláknina: 32,3 g

Chilli kuře: 6

Doba vaření: 1 hodina

Ingredience:

1 žlutá cibule, nakrájená

2 lžíce olivového oleje

2 stroužky česneku, nasekané

1 libra kuřecích prsou bez kůže, kostí a nakrájená na kostičky 1 nakrájená zelená paprika

2 šálky kuřecího vývaru

1 polévková lžíce kakaového prášku

2 polévkové lžíce chilli

1 lžička uzené papriky

1 šálek konzervovaných rajčat, nakrájených

1 lžíce nasekaného koriandru

Špetka soli a černého pepře

Indikace:

1. Rozpálíme pánev s olejem na střední teplotu, přidáme cibuli a česnek a restujeme 5 minut.

2. Přidejte maso a opékejte ho dalších 5 minut.

3. Přidejte zbytek ingrediencí, promíchejte a vařte na středním plameni 40 minut.

4. Chilli rozdělte do misek a podávejte k obědu.

Nutriční informace:kalorií 300, tuky 2, vláknina 10, sacharidy 15, bílkoviny 11

Česneková a čočková polévka

Porce: 4

Doba vaření: 15 minut

Ingredience:

2 lžíce extra panenského olivového oleje

2 střední mrkve, nakrájené na tenké plátky

1 malá bílá cibule, nakrájená na ¼-palcové kostky

2 stroužky česneku, nakrájené na tenké plátky

1 lžička skořice v prášku

1 lžička soli

¼ lžičky čerstvě mletého černého pepře

3 šálky zeleninového vývaru

1 plechovka (15 uncí) čočky, okapaná a propláchnutá 1 lžíce nasekané nebo nastrouhané pomerančové kůry

¼ šálku nasekaných vlašských ořechů (volitelně)

2 lžíce jemně nasekané čerstvé ploché listové petrželky<u>Indikace:</u>

1. Ve velkém hrnci rozehřejte olej na vysokou teplotu.

2. Vložíme mrkev, cibuli a česnek a restujeme do změknutí, 5 až 7 minut.

3. Vložte skořici, sůl a pepř a míchejte, aby se zelenina obalila, rovnoměrně 1 až 2 minuty.

4. Přilijte vývar a provařte. Přiveďte k varu, poté vložte čočku a vařte 1 minutu.

5. Vmíchejte pomerančovou kůru a podávejte posypané vlašskými ořechy (pokud používáte) a petrželkou.

Nutriční informace:Kalorie 201 Celkový tuk: 8 g Celkový počet sacharidů: 22 g Cukr: 4 g Vláknina: 8 g Bílkoviny: 11 g Sodík: 1178 mg

Tilapia Tacos se zázvorem a sezamem

Porce: 4

Doba vaření: 5 hodin

Ingredience:

1 lžička čerstvého zázvoru, nastrouhaného

Sůl a čerstvě namletý černý pepř podle chuti 1 lžička stévie

1 polévková lžíce sojové omáčky

1 lžíce olivového oleje

1 polévková lžíce citronové šťávy

1 polévková lžíce bílého jogurtu

1 1/2 libry filé tilapie

1 šálek směsi salátu coleslaw

Indikace:

1. Zapněte instantní hrnec, přidejte všechny ingredience kromě filetů tilapie a salátu coleslaw a míchejte, dokud se dobře nespojí.

2. Poté přidejte filety, míchejte, dokud se dobře nepokryjí, uzavřete pokličkou, stiskněte

tlačítko „pomalé vaření" a vařte 5 hodin, přičemž v polovině filé otočte.

3. Hotové filety přendáme na talíř a necháme zcela vychladnout.

4. Pro přípravu jídla rozdělte směs salátu coleslaw do čtyř vzduchotěsných nádob, přidejte tilapii a dejte do lednice až na tři dny.

5. Až budete připraveni k jídlu, zahřejte tilapii v mikrovlnné troubě, dokud nebude horká, a poté podávejte se salátem coleslaw.

Nutriční informace:Kalorie 278, celkový tuk 7,4 g, celkový obsah sacharidů 18,6 g, bílkoviny 35,9 g, cukr 1,2 g, vláknina 8,2 g, sodík 194 mg

Čočkový guláš na kari

Porce: 4

Doba vaření: 15 minut

Ingredience:

1 lžíce olivového oleje

1 cibule, nakrájená

2 stroužky česneku, nasekané

1 lžíce organického kari koření

4 šálky organického zeleninového vývaru s nízkým obsahem sodíku 1 šálek červené čočky

2 šálky máslové dýně, vařené

1 šálek kapusty

1 lžička kurkumy

Mořská sůl podle chuti

Indikace:

1. Ve velkém hrnci na středním plameni orestujte olivový olej s cibulí a česnekem, přidejte. Smažte 3 minuty.

2. Přidejte organické kari koření, zeleninový vývar a čočku a přiveďte k varu. Vařte 10 minut.

3. Vmícháme uvařenou dýni a kapustu.

4. Podle chuti přidejte kurkumu a mořskou sůl.

5. Podávejte horké.

Nutriční informace:Celkový obsah sacharidů 41 g Vláknina: 13 g Bílkoviny: 16 g Celkový obsah tuků: 4 g Kalorie: 252

Kapustový Caesar salát s grilovaným kuřecím masem

Porce: 2

Doba vaření: 20 minut

Ingredience:

6 šálků límcové zeleniny, nakrájené na malé kousky, ½ vařeného vejce; vařené

8 oz grilované kuře, nakrájené na tenké plátky

½ lžičky dijonské hořčice

¾ šálku parmezánu, jemně nasekaného

Mletý černý pepř

kóšer sůl

1 stroužek česneku, nasekaný

1 šálek cherry rajčat, nakrájených na čtvrtky

1/8 šálku citronové šťávy, čerstvě vymačkané

2 velké tortilly nebo dvě buchty lavash

1 lžička agáve nebo medu

1/8 šálku olivového oleje

Indikace:

1. Smíchejte polovinu zkaženého vejce s hořčicí, mletým česnekem, medem, olivovým olejem a citronovou šťávou ve velké míse. Šlehejte, dokud nezískáte konzistenci zálivky. Dochuťte pepřem a solí podle chuti.

2. Přidejte cherry rajčata, kuřecí maso a kapustu; jemně promíchejte, dokud nebude dobře pokrytý dresinkem, poté přidejte ¼ šálku parmazánu.

3. Housky rozložíme a připravený salát rovnoměrně rozprostřeme po závitcích; každý posypeme asi 1/4 šálku parmazánu.

4. Obaly srolujte a překrojte napůl. Ihned podávejte a vychutnejte si.

Nutriční informace:kcal 511 Tuky: 29 g Vláknina: 2,8 g Bílkoviny: 50 g

Špenátový salát

Porce: 1

Doba vaření: 5 minut

Ingredience:

1 šálek čerstvého špenátu

¼ šálku konzervovaných černých fazolí

½ šálku konzervované cizrny

½ šálku cremini houby

2 lžíce bio balzamikového octa 1 lžíce olivového oleje

Indikace:

1. Vařte cremini houby s olivovým olejem na středně mírném ohni po dobu 5 minut, dokud lehce nezhnědnou.

2. Salát sestavte přidáním čerstvého špenátu na talíř a ozdobte fazolemi, houbami a balzamikovým octem.

<u>Nutriční informace:</u>Celkové sacharidy 26 dní Vláknina: 8 g Bílkoviny: 9 g Celkový tuk: 15 g Kalorie: 274

Losos v krustě s vlašskými ořechy a rozmarýnem Porce: 6

Doba vaření: 20 minut

Ingredience:

1 Nasekejte stroužek česneku

1 lžíce dijonské hořčice

¼ lžičky citronové kůry

1 polévková lžíce citronové šťávy

1 polévková lžíce čerstvého rozmarýnu

1/2 lžíce medu

Olivový olej

Čerstvá petržel

3 lžíce nasekaných vlašských ořechů

1 libra lososa bez kůže

1 lžíce nasekané čerstvé červené papriky

Sůl a pepř

Měsíčky citronu na ozdobu

3 lžíce panko strouhanky

1 polévková lžíce extra panenského olivového oleje

Indikace:

1. Pekáč vložíme do trouby a předehřejeme na 240°C.

2. V misce smícháme hořčičnou pastu, česnek, sůl, olivový olej, med, citronovou šťávu, drcenou červenou papriku, rozmarýn, pudingový med.

3. Spojte panko, ořechy a olej a na plech rozložte tenký plátek ryby. Rybu z obou stran rovnoměrně pokapejte olivovým olejem.

4. Na lososa položte ořechovou směs s hořčičnou směsí navrch.

5. Lososa vařte téměř 12 minut. Ozdobte čerstvou petrželkou a kolečky citronu a podávejte horké.

Nutriční informace:Kalorie 227 Sacharidy: 0 g Tuky: 12 g Bílkoviny: 29 g

Zapečené sladké brambory s omáčkou z červeného tahini: 4

Doba vaření: 30 minut

Ingredience:

15 uncí konzervované cizrny

4 středně velké sladké brambory

½ lžíce olivového oleje

1 špetka soli

1 polévková lžíce limetkové šťávy

1/2 lžíce kmínu, koriandru a papriky na bylinkovou omáčku

¼ šálku tahini omáčky

½ lžíce limetkové šťávy

3 stroužky česneku

Sůl podle chuti

Indikace:

1. Troubu předehřejte na 204 °C. Cizrnu promíchejte se solí, kořením a olivovým olejem. Rozložte je na hliníkovou fólii.

2. Tenké měsíčky batátů potřeme olejem, položíme na marinované fazole a upečeme.

3. Na omáčku smíchejte v misce všechny fixace. Přidejte trochu vody, ale nechte ji hustou.

4. Po 25 minutách vyjměte batáty z trouby.

5. Zapečený salát z cizrny ze sladkých brambor přelijte teplým česnekovým dresinkem.

Nutriční informace:Kalorie 90 Sacharidy: 20 g Tuky: 0 g Bílkoviny: 2 g

Italská letní squashová polévka

Porce: 4

Doba vaření: 15 minut

Ingredience:

3 lžíce extra panenského olivového oleje

1 malá červená cibule, nakrájená na tenké plátky

1 stroužek česneku, nasekaný

1 šálek nakrájené cukety

1 šálek nastrouhané žluté tykve

½ šálku nakrájené mrkve

3 šálky zeleninového vývaru

1 lžička soli

2 lžíce najemno nasekané čerstvé bazalky

1 lžíce najemno nasekané čerstvé pažitky

2 lžíce piniových oříšků

Indikace:

1. Ve velkém hrnci rozehřejte olej na vysokou teplotu.

2. Přidejte cibuli a česnek a restujte do změknutí, 5 až 7 minut.

3. Přidejte cuketu, žlutou dýni a mrkev a restujte do změknutí, 1 až 2 minuty.

4. Přidejte vývar a sůl a přiveďte k varu. Během 1 až 2 minut přiveďte k varu.

5. Vmíchejte bazalku a pažitku a podávejte posypané piniovými oříšky.

<u>Nutriční informace:</u>Kalorie 172 Celkový tuk: 15 g Celkový počet sacharidů: 6 g Cukr: 3 g Vláknina: 2 g Bílkoviny: 5 g Sodík: 1170 mg

Polévka se šafránem a lososem

Porce: 4

Doba vaření: 20 minut

Ingredience:

¼ šálku extra panenského olivového oleje

2 pórky, pouze bílé části, nakrájené na tenké plátky

2 střední mrkve, nakrájené na tenké plátky

2 stroužky česneku, nakrájené na tenké plátky

4 šálky zeleninového vývaru

1 libra filetů z lososa bez kůže, nakrájená na 1-palcové kousky 1 lžička soli

¼ lžičky čerstvě mletého černého pepře

¼ lžičky šafránových nití

2 šálky baby špenátu

½ sklenice suchého bílého vína

2 lžíce nasekané šalotky, bílé i zelené části 2 lžíce najemno nasekané čerstvé ploché petrželky<u>Indikace:</u>

1. Ve velkém hrnci rozehřejte olej na vysokou teplotu.

2. Přidejte pórek, mrkev a česnek a restujte do změknutí, 5 až 7 minut.

3. Přilijte vývar a provařte.

4. Podusíme a přidáme lososa, sůl, pepř a šafrán. Vařte, dokud není losos propečený, asi 8 minut.

5. Přidejte špenát, víno, šalotku a petržel a vařte, dokud špenát nezvadne, 1 až 2 minuty, a podávejte.

<u>Nutriční informace:</u>Kalorie 418 Celkový tuk: 26 g Celkový počet sacharidů: 13 g Cukr: 4 g Vláknina: 2 g Bílkoviny: 29 g Sodík: 1455 mg

Horká thajská ochucená krevetová a houbová polévka

Porce: 6

Doba vaření: 38 minut

Ingredience:

3 lžíce nesoleného másla

1 libra krevet, oloupaných a očištěných

2 lžičky mletého česneku

1 palcový kořen zázvoru, oloupaný

1 střední cibule, nakrájená na kostičky

1 thajské červené chilli papričky, mleté

1 stonek citronové trávy

½ lžičky čerstvé limetkové kůry

Sůl a čerstvě namletý černý pepř, podle chuti 5 šálků kuřecího vývaru

1 lžíce kokosového oleje

½ libry cremini hub, nakrájených na měsíčky

1 malá zelená cuketa

2 lžíce čerstvé limetkové šťávy

2 lžíce rybí omáčky

¼ svazku čerstvé thajské bazalky, nasekané

¼ svazku čerstvého koriandru, nasekaného

Indikace:

1. Vezměte velký kastrol, dejte ho na střední teplotu, přidejte máslo a když se rozpustí, přidejte krevety, česnek, zázvor, cibuli, chilli, citronovou trávu a kůru z limetky, ochuťte solí a pepřem a vařte 3 minuty.

2. Zalijte vývarem, vařte 30 minut, poté sceďte.

3. Vezměte velkou pánev na střední teplotu, přidejte olej a po rozpálení přidejte houby a cukety, znovu dochuťte solí a černým pepřem a vařte 3 minuty.

4. Přidejte krevetovou směs do pánve, vařte 2 minuty, pokapejte limetkovou šťávou a rybí omáčkou a 1 minutu vařte.

5. Ochutnejte, abyste upravili koření, poté sundejte pánev z ohně, ozdobte koriandrem a bazalkou a podávejte.

Nutriční informace:Kalorie 223, celkový tuk 10,2 g, celkový obsah sacharidů 8,7 g, bílkoviny 23 g, cukr 3,6 g, sodík 1128 mg

Ječmen se sušenými rajčaty

Ingredience:

1 libra vykostěných kuřecích prsou bez kůže, nakrájená na 3/4-palcové kousky

1 lžíce + 1 lžička olivového oleje

Sůl a křupavý mletý černý pepř

2 stroužky česneku, nasekané

1/4 šálku (8 oz) suchých ječných těstovin

2 3/4 hrnku kuřecího vývaru s nízkým obsahem sodíku, v tu chvíli variabilnější (nepoužívejte obyčejné džusy, bude přesolený) 1/3 hrnku kousků sušených rajčat plněných bylinkovým olejem (asi 12 dílů. Setřepat část přebytečného oleje), jemně nastrouhaná do podavače

1/2 - 3/4 šálku jemně nastrouhaného parmazánu čedar podle chuti 1/3 šálku nasekané křupavé bazalky

Indikace:

1. Na pánvi zahřejte 1 lžíci olivového oleje na středně vysokou teplotu.

2. Jakmile třpytky obsahují kuře, jemně dochuťte solí a pepřem a vařte dozlatova, asi 3 minuty, poté otočte na opačné strany a vařte, dokud

nebude tmavě lesklá a propečená, asi 3 minuty. Kuře přesuňte na talíř, potřete alobalem, aby zůstalo teplé.

3. Přidejte zbývající 1 čajovou lžičku olivového oleje na orestování pokrmu, v tomto okamžiku přidejte česnek a restujte 20 sekund, nebo jen do jemného třpytu, v tomto okamžiku nalijte kuřecí šťávu a seškrábejte vařené kousky ze dna pánve.

4. Zahřejte vývar k varu a v tomto okamžiku zahrňte ječmennou pastu, snižte teplotu na středně těžkou pánev s víkem a nechte mírně vařit 5 minut, poté odkryjte, zamíchejte a pokračujte v probublávání, dokud ječmen nezměkne, asi o 5 minut déle, občas zamíchejte (nestresujte se, jestli tam ještě nějaká šťáva zbyla, dá to šmrnc).

5. Když jsou těstoviny uvařené, vhoďte kuře s ječmenem, které poté stáhněte z ohně. Přidejte parmazán čedar a míchejte, dokud se nerozpustí, poté vsypte sušená rajčata, bazalku a okořeňte

s pepřem (nepotřebujete sůl, ale přidejte trochu, pokud si myslíte, že ji potřebujete).

6. Přidávejte další šťávy k ředění tak často, jak chcete (když těstoviny odpočívají, nasají spoustu tekutiny a já jsem to měl rád s trochou přebytku, takže jsem přidal trochu více). Podávejte horké.

Polévka z hub a červené řepy

Porce: 4

Doba vaření: 40 minut

Ingredience:

2 lžíce olivového oleje

1 žlutá cibule, nakrájená

2 řepy, oloupané a nakrájené na velké kostky

1 lb bílých hub, nakrájených na plátky

2 stroužky česneku, nasekané

1 polévková lžíce rajčatového protlaku

5 šálků zeleninového vývaru

1 lžíce nasekané petrželky

Indikace:

1. Rozpálíme pánev s olejem na střední teplotu, přidáme cibuli a česnek a restujeme 5 minut.

2. Přidejte houby, promíchejte a restujte dalších 5 minut.

3. Přidejte červenou řepu a ostatní přísady, přiveďte k varu a za občasného míchání vařte na středním plameni dalších 30 minut.

4. Polévku nalijeme do misek a podáváme.

Nutriční informace:kalorií 300, tuků 5, vlákniny 9, sacharidů 8, bílkovin 7

Kuřecí parmazánové karbanátky

Ingredience:

2 libry mletého kuřete

3/4 hrnku panko strouhanky Bezlepkové panko bude dobré 1/4 hrnku jemně nakrájené cibule

2 lžíce nasekané petrželky

2 nasekané stroužky česneku

1 malý citron asi 1 lžička 2 vejce

3/4 šálku zničeného sýra Pecorino Romano nebo parmazánu 1 lžička čisté soli

1/2 lžičky křupavého mletého černého pepře

1 litr omáčky Five Minute Marinara

4-6 uncí křupavé nakrájené mozzarelly

Indikace:

1. Předehřejte sporák na 400 stupňů, rošt nastavte v horní třetině roštu. V obrovské misce smíchejte vše kromě marinary a mozzarelly. Jemně kombinujte rukama nebo velkou lžící. Nabíráme a tvarujeme placičky a

klademe na plech vyložený pečicím papírem. Masové kuličky položte na talíř vedle sebe, aby se vešly. Každou masovou kuličku přelijte asi půl polévkovou lžící omáčky. Zahřívejte 15 minut.

2. Vysuňte karbanátky ze sporáku a zvyšte teplotu grilu, aby se uvařily. Každou masovou kuličku pokapejte navíc 1/2 lžíce omáčky a ozdobte malým čtverečkem mozzarelly. (Drobné kousky jsem nakrájela na kousky asi 1" čtvereční.) Grilujte ještě 3 minuty, dokud čedar nezměkne a nebude lesklý. Podávejte s extra omáčkou.

Masové kuličky Parmigiana

Ingredience:

Na masové kuličky

1,5 lb mletého hamburgeru (80/20)

2 lžíce křupavé petrželky, nakrájené na malé kousky

3/4 šálku mletého parmazánového čedaru

1/2 šálku mandlové mouky

2 vejce

1 lžička soli

1/4 lžičky mletého černého pepře

1/4 lžičky česnekového prášku

1 lžička kapek sušené cibule

1/4 lžičky sušeného oregana

1/2 šálku teplé vody

Pro Parmigianu

1 šálek omáčky keto marinara (nebo jakákoli místně zakoupená marinara bez cukru)

120 g sýru mozzarella čedar

Indikace:

1. Spojte všechny masové kuličky ve velké míse a dobře promíchejte.

2. Struktura z patnácti 2" placiček.

3. Připravte při 350 stupních (F) po dobu 20 minut NEBO smažte na velké pánvi na středním ohni, dokud nebude propečené. Tip pro profesionály: zkuste restovat na slaninovém oleji, pokud jej máte – obsahuje jiný stupeň chuti. Frikasa vytváří brilantní odstíny tmavé barvy, které jsou vidět na fotografiích výše.

4. Pro Parmigianu:

5. Uvařené karbanátky vložte do nádoby vhodné pro sporák.

6. Každou masovou kuličku přelijte asi 1 lžící omáčky.

7. Každý potřete asi 1/4 uncí sýru mozzarella čedar.

8. Připravte při 350 stupních (F) po dobu 20 minut (40 minut, pokud placičky ztuhly), nebo dokud se nezahřeje a čedar nebude lesklý.

9. Kdykoli budete chtít, posypte čerstvou petrželkou.

Krůtí prsa se zlatou zeleninou

Porce: 4

Doba vaření: 45 minut

Ingredience:

2 lžíce nesoleného másla, pokojové teploty 1 střední žaludová dýně, zbavená semínek a nakrájená na tenké plátky 2 velké zlaté řepy, oloupané a na tenké plátky nakrájené ½ středně žluté cibule, nakrájené na tenké plátky

½ krůtí prsa bez kostí a kůže (1 až 2 libry) 2 lžíce medu

1 lžička soli

1 lžička kurkumy

¼ lžičky čerstvě mletého černého pepře

1 hrnek kuřecího vývaru nebo zeleninového vývaru

Indikace:

1. Předehřejte troubu na 400 ° F. Plech na pečení vymažte máslem.

2. Dýni, červenou řepu a cibuli rozložte na plech v jedné vrstvě. Položte krůtí kůží nahoru. Dochutíme medem.

Dochuťte solí, kurkumou a pepřem a přidejte vývar.

3. Pečte, dokud krůta nezaznamená 165 °F ve středu pomocí teploměru s okamžitým odečtem, 35 až 45 minut. Vyjměte a nechte 5 minut sedět.

4. Nakrájejte a podávejte.

Nutriční informace:Kalorie 383 Celkový tuk: 15 g Celkový počet sacharidů: 25 g Cukr: 13 g Vláknina: 3 g Bílkoviny: 37 g Sodík: 748 mg

Zelená kari rýže

Porce: 8

Doba vaření: 20 minut

Ingredience:

2 lžíce olivového oleje

12 uncí tofu

2 střední sladké brambory (nakrájené na kostičky)

Sůl podle chuti

314 uncí kokosového mléka

4 polévkové lžíce zelené kari pasty

3 šálky růžičky brokolice

Indikace:

1. Odstraňte přebytečnou vodu z tofu a smažte ho na středním plameni. Osolíme a smažíme 12 minut.

2. Kokosové mléko, zelenou kari pastu a sladké brambory vařte na středním plameni a 5 minut vařte.

3. Nyní přidejte brokolici a tofu a vařte téměř 5 minut, dokud se barva brokolice nezmění.

4. Podávejte toto kokosově zelené kari s hrstí vařené rýže a velkým množstvím rozinek navrchu.

Nutriční informace:Kalorie 170 Sacharidy: 34 g Tuky: 2 g Bílkoviny: 3 g

Kuřecí, batátová a čočková polévka

Porce: 6

Doba vaření: 35 minut

Ingredience:

10 stonků celeru

1 domácí nebo grilované kuře

2 střední sladké brambory

5 uncí francouzské čočky

2 lžíce čerstvé limetkové šťávy

½ escarole velikosti kousnutí do hlavy

6 stroužků česneku nakrájených na tenké plátky

½ šálku kopru (jemně nasekaný)

1 lžíce košer soli

2 lžíce extra panenského olivového oleje

Indikace:

1. Přidejte sůl, kuřecí kostru, čočku a sladké brambory do 8 oz vody a vařte na vysoké teplotě.

2. Tyto potraviny vařte téměř 10-12 minut a odstraňte veškerou pěnu, která se na nich tvoří.

3. Česnek a celer opékejte na oleji téměř 10 minut, dokud nezměknou

a světle hnědé, pak přidejte nakrájené pečené kuře.

4. Přidejte tuto směs do polévky escarole a nepřetržitě míchejte 5

minut při střední teplotě.

5. Přidejte citronovou šťávu a rozmixujte kopr. Podávejte horkou sezónní polévku se solí.

Nutriční informace:Kalorie 310 Sacharidy: 45 g Tuky: 11 g Bílkoviny: 13 g

Smetanové vepřové maso s rajčaty

Porce: 4

Doba vaření: 35 minut

Ingredience:

2 libry dušeného vepřového masa, kostky

2 lžíce avokádového oleje

1 šálek rajčat, nakrájených na kostičky

1 šálek kokosové smetany

1 lžíce máty, nasekané

1 paprička jalapeño, mletá

Špetka mořské soli a černého pepře

1 polévková lžíce pepře

2 lžíce citronové šťávy

Indikace:

1. Rozpalte pánev s olejem na střední teplotu, přidejte maso a opékejte 5 minut.

2. Přidejte zbytek ingrediencí, promíchejte, vařte na středním plameni dalších 30 minut, rozdělte na talíře a podávejte.

Nutriční informace:kalorií 230, tuky 4, vláknina 6, sacharidy 9, bílkoviny 14

Vepřové maso s citronem

Porce: 2

Doba vaření: 25 minut

Ingredience:

¼ lžičky za'atar koření

Kůra z 1 citronu

½ lžičky sušeného tymiánu

¼ lžičky česnekového prášku

¼ lžičky soli

1 lžíce olivového oleje

1 (8 oz / 227 g) vepřová panenka, oříznutá kůže<u>Indikace:</u>

1. Předehřejte troubu na 425ºF (220ºC).

2. V misce smíchejte koření za'atar, citronovou kůru, tymián, česnekový prášek a sůl a pak směsí potřete vepřovou panenku z obou stran.

3. Olivový olej rozehřejte na pánvi vhodné do trouby na středně vysokou teplotu, dokud nebude třpytivý.

4. Přidejte vepřovou panenku a opékejte 6 minut nebo do zhnědnutí.

V polovině doby vaření vepřové maso otočte.

5. Vložte pánev do předehřáté trouby a pečte 15 minut, nebo dokud teploměr s okamžitým odečtem zasunutý do nejtlustší části svíčkové nezaznamená alespoň 145ºF (63ºC).

6. Uvařenou panenku přendejte na velký talíř a před podáváním nechte pár minut vychladnout.

Nutriční informace:kalorie: 184; tuk: 10,8 g; sacharidy: 1,2 g; vláknina: 0 g; bílkoviny: 20,1 g; sodík: 358 mg

Kuře s brokolicí

Porce: 4

Ingredience:

1 malá bílá cibule nakrájená

1½ c. nízkotučný kuřecí vývar s nízkým obsahem sodíku

Čerstvě mletý černý pepř

2 c. nakrájená brokolice

1 libra nakrájených kuřecích stehen bez kůže a kostí 2 nasekané stroužky česneku

Indikace:

1. V pomalém hrnci přidejte všechny přísady a dobře promíchejte.

2. Nastavte pomalý hrnec na nízkou teplotu.

3. Přikryjte a vařte 4-5 hodin.

4. Podávejte horké.

Nutriční informace:Kalorie: 300, Tuky: 9 g, Sacharidy: 19 g, Bílkoviny: 31 g, Cukry: 6 g, Sodík: 200 mg

Křupavé kuře

Porce: 4

Doba vaření: 15 minut

Ingredience:

1 vejce, rozšlehané

8 kuřecích řízků

2 lžíce avokádového oleje

½ šálku strouhanky

Indikace:

1. Předehřejte vzduchovou fritézu na 350 stupňů F.

2. Ponořte kuře do vejce.

3. Smícháme olej a strouhanku.

4. Touto směsí potřete kuře.

5. Přidejte do koše vzduchové fritézy.

6. Vařte 15 minut.

Vepřové maso s houbami a okurkami

Porce: 4

Doba vaření: 25 minut

Ingredience:

2 lžíce olivového oleje

½ lžičky sušeného oregana

4 vepřové kotlety

2 stroužky česneku, nasekané

Šťáva z 1 limetky

¼ šálku koriandru, nasekaného

Špetka mořské soli a černého pepře

1 šálek bílých hub, napůl

2 lžíce balzamikového octa

Indikace:

1. Rozpálíme pánev s olejem na střední teplotu, přidáme vepřové kotlety a opékáme 2 minuty z každé strany.

2. Přidejte zbytek ingrediencí, promíchejte, vařte na středním plameni 20 minut, rozdělte na talíře a podávejte.

Nutriční informace:kalorií 220, tuky 6, vláknina 8, sacharidy 14,2, bílkoviny 20

Pečené kuře s balzamikovým octem

Porce: 4

Ingredience:

1 polévková lžíce. nasekaný čerstvý rozmarýn

1 nasekaný stroužek česneku

Černý pepř

1 polévková lžíce. olivový olej

1 čajová lžička. hnědý cukr

6 snítek rozmarýnu

1 celé kuře

½ c. balzámový ocet

Indikace:

1. Smíchejte česnek, mletý rozmarýn, černý pepř a olivový olej.

Kuře potřeme směsí bylinkového olivového oleje.

2. Vložte 3 snítky rozmarýnu do dutiny kuřete.

3. Kuře vložte do pekáče a pečte při 400 °F asi 1 hodinu. 30 minut.

4. Když je kuře opečené a omáčka je čistá, přendejte ho na talíř.

5. V hrnci na mírném ohni rozpustíme cukr v balzamikovém octu.

Nevařte.

6. Kuře naporcujeme a ozdobíme octovou směsí.

<u>Nutriční informace:</u>Kalorie: 587, Tuky: 37,8 g, Sacharidy: 2,5 g, Bílkoviny: 54,1

g, cukry: 0 g, sodík: 600 mg

Houbový steak

Porce: 4

Doba vaření: 15 minut

Ingredience:

2 lžíce olivového oleje

8 uncí. houby, nakrájené na plátky

½ lžičky česnekového prášku

1 libra steak, kostky

1 čajová lžička (5 ml) worcesterské omáčky

Pepř podle potřeby

Indikace:

1. Předehřejte vzduchovou fritézu na 400 stupňů F.

2. Smíchejte všechny ingredience v míse.

3. Přeneste do koše vzduchové fritézy.

4. Vařte 15 minut, košíkem dvakrát zatřeste.

Lahodné hovězí maso s venkovskou vůní

Porce: 4

Doba vaření: 12 minut

Ingredience:

2 lžičky cibulového prášku

1 lžička česnekového prášku

2 lžičky nasekaného rozmarýnu

1 lžička papriky

2 polévkové lžíce kokosových aminokyselin s nízkým obsahem sodíku

Pepř podle potřeby

1 libra steak, nakrájený na proužky

Indikace:

1. V misce smíchejte všechno koření a koření.

2. Vmíchejte steakové nudličky.

3. Marinujte 10 minut.

4. Přidejte do koše vzduchové fritézy.

5. Pečte při 380 stupních F po dobu 12 minut, v polovině vaření jednou nebo dvakrát zakružte.

Broskvové kuře

Porce: 4-5

Ingredience:

2 nasekané stroužky česneku

¼ c. balzámový ocet

4 nakrájené broskve

4 kuřecí prsa bez kostí a kůže

¼ c. nasekanou bazalkou

1 polévková lžíce. olivový olej

1 nakrájená šalotka

¼ lžičky Černý pepř

Indikace:

1. V hrnci rozehřejte olej na středně vysokou teplotu.

2. Přidejte maso a okořeňte černým pepřem; restujeme 8 minut z každé strany a dáme na talíř odpočinout.

3. Do stejné pánve přidejte šalotku a česnek; promícháme a vaříme 2 minut.

4. Přidejte broskve; promíchejte a vařte dalších 4-5 minut.

5. Přidejte ocet, vařené kuře a bazalku; promícháme a přikryté dusíme další 3 až 4 minuty.

6. Podávejte horké.

Nutriční informace:Kalorie: 270, Tuky: 0 g, Sacharidy: 6,6 g, Bílkoviny: 1,5 g, Cukry: 24 g, Sodík: 87 mg

Smažené vepřové maso

Porce: 4

Doba vaření: 15 minut

Ingredience:

2 stroužky česneku, nasekané

2 červené chilli papričky, mleté

2 lžíce olivového oleje

2 libry dušeného vepřového masa, mletého

1 červená paprika, nakrájená

1 zelená paprika, nakrájená

1 nakrájené rajče

½ šálku žampionů, napůl

Špetka mořské soli a černého pepře

1 lžíce nasekané bazalky

2 lžíce kokosových aminokyselin

Indikace:

1. Rozpálíme pánev s olejem na střední teplotu, přidáme česnek, chilli papričky, papriku, rajčata a žampiony a restujeme 5 minut.

2. Přidejte maso a zbytek ingrediencí, promíchejte, vařte na středním plameni dalších 10 minut, rozdělte na talíře a podávejte.

<u>Nutriční informace:</u>kalorií 200, tuky 3, vláknina 5, sacharidy 7, bílkoviny 17

Vepřové maso s artyčoky a petrželkou

Porce: 4

Doba vaření: 35 minut

Ingredience:

2 lžíce balzamikového octa

1 šálek konzervovaných artyčokových srdíček, okapaných a na čtvrtky nakrájených 2 lžíce olivového oleje

2 libry dušeného vepřového masa, kostky

2 lžíce nasekané petrželky

1 lžička kmínu, mletého

1 lžička prášku z kurkumy

2 stroužky česneku, nasekané

Špetka mořské soli a černého pepře

Indikace:

1. Rozpalte pánev s olejem na střední teplotu, přidejte maso a opékejte 5 minut.

2. Přidejte artyčoky, ocet a další ingredience, promíchejte, vařte na středním plameni 30 minut, rozdělte na talíře a podávejte.

Nutriční informace:kalorií 260, tuků 5, vlákniny 4, sacharidů 11, bílkovin 20

Vepřové maso s batáty a tymiánem

Porce: 4

Doba vaření: 35 minut

Ingredience:

2 batáty, oloupané a nakrájené na měsíčky 4 vepřové kotlety

3 nakrájené jarní cibulky

1 lžíce tymiánu, mletého

2 lžíce olivového oleje

4 stroužky česneku, nasekané

Špetka mořské soli a černého pepře

½ šálku zeleninového vývaru

½ lžíce nasekané pažitky

Indikace:

1. V pekáči spojte vepřové kotlety s bramborami a zbývajícími přísadami, jemně promíchejte a vařte při 390 stupních na 35 minut.

2. Vše rozdělte na talíře a podávejte.

Nutriční informace: kalorií 210, tuky 12,2, vláknina 5,2, sacharidy 12, bílkoviny 10

Vepřové maso na kari

Porce: 4

Doba vaření: 30 minut

Ingredience:

2 lžíce olivového oleje

4 šalotky, mleté

2 stroužky česneku, nasekané

2 libry dušeného vepřového masa, kostky

2 polévkové lžíce červené kari pasty

1 lžička chilli pasty

2 lžíce balzamikového octa

¼ šálku zeleninového vývaru

¼ šálku nasekané petrželky

Indikace:

1. Rozpalte pánev s olejem na středně vysokou teplotu, přidejte šalotku a česnek a opékejte 5 minut.

2. Přidejte maso a restujte dalších 5 minut.

3. Přidejte zbývající ingredience, promíchejte, vařte na středním plameni 20 minut, rozdělte na talíře a podávejte.

<u>Nutriční informace:</u>kalorií 220, tuky 3, vláknina 4, sacharidy 7, bílkoviny 12

Smažené kuřecí maso a brokolice

Porce: 4

Doba vaření: 10 minut

Ingredience:

3 lžíce extra panenského olivového oleje

1 ½ šálku růžičky brokolice

1 1/2 lbs (680 g) vykostěných kuřecích prsou bez kůže, nakrájených na malé kousky

½ nakrájené cibule

½ lžičky mořské soli

⅛ lžičky čerstvě mletého černého pepře

3 stroužky česneku, nasekané

2 šálky vařené hnědé rýže

Indikace:

1. Olivový olej rozehřejte na velké nepřilnavé pánvi na středně vysokou teplotu, dokud nebude třpytivý.

2. Do pánve přidejte brokolici, kuřecí maso a cibuli a dobře promíchejte.

Dochutíme mořskou solí a černým pepřem.

3. Za stálého míchání smažte asi 8 minut, nebo dokud kuře nezhnědne a nepropeče se.

4. Přidejte česnek a za stálého míchání vařte 30 sekund nebo dokud česnek nezavoní.

5. Sundejte z plotny na talíř a podávejte s uvařenou hnědou rýží.

Nutriční informace:kalorie: 344; tuk: 14,1 g; bílkoviny: 14,1 g; sacharidy: 40,9 g; vláknina: 3,2 g; cukr: 1,2 g; sodík: 275 mg

Středomořské kuřecí plátek se zeleninou

Porce: 4

Doba vaření: 20 minut

Ingredience:

4 (4 oz/113 g) vykostěná kuřecí prsa bez kůže 2 lžíce avokádového oleje

1 hrnek nakrájených žampionů cremini

1 šálek baleného nakrájeného čerstvého špenátu

1 litr cherry rajčat, rozpůlených

½ šálku nasekané čerstvé bazalky

½ červené cibule, nakrájené na tenké plátky

4 stroužky česneku, nasekané

2 lžičky balzamikového octa

Indikace:

1. Předehřejte troubu na 400ºF (205ºC).

2. Kuřecí prsa rozložte na velký pekáč a potřete je avokádovým olejem.

3. Ve střední misce smíchejte houby, špenát, rajčata, bazalku, červenou cibuli, hřebíček a ocet a míchejte, aby se spojily. Každé kuřecí prso posypeme ¼ zeleninové směsi.

4. Pečte v předehřáté troubě asi 20 minut, nebo dokud vnitřní teplota nedosáhne alespoň 165ºF (74ºC) a omáčka není po propíchnutí vidličkou čistá.

5. Před krájením k podávání nechte kuře 5–10 minut odpočinout.

Nutriční informace:kalorie: 220; tuk: 9,1 g; bílkoviny: 28,2 g; sacharidy: 6,9 g; vláknina: 2,1 g; cukr: 6,7 g; sodík: 310 mg

Kuře a zelené fazolky

Porce: 4

Ingredience:

1 lb čerstvých nakrájených zelených fazolí

¼ c. balzámový ocet

2 nakrájené šalotky

2 polévkové lžíce. kousky chilli papričky

4 kuřecí prsa bez kostí a kůže

2 nasekané stroužky česneku

3 polévkové lžíce. Extra panenský olivový olej

Indikace:

1. Smíchejte 2 lžíce olivového oleje s balzamikovým octem, česnekem a šalotkou. Nalijte na kuřecí prsa a dejte přes noc do lednice.

2. Druhý den předehřejte troubu na 375°F.

3. Kuře vyjměte z marinády a vložte do mělkého pekáče. Vlijte zbytek marinády.

4. Pečte 40 minut.

5. Zatímco se kuře vaří, přiveďte k varu velký hrnec s vodou.

6. Vložte zelené fazolky do vody a nechte je pět minut vařit, poté slijte.

7. V hrnci rozehřejte lžíci olivového oleje a po propláchnutí vraťte zelené fazolky zpět.

8. Dochuťte vločkami červené papriky.

Nutriční informace:Kalorie: 433, Tuky: 17,4 g, Sacharidy: 12,9 g, Bílkoviny: 56,1

g, Cukry: 13 g, Sodík: 292 mg

Chutné vepřové maso na španělský způsob

Porce: 6

Doba vaření: 1 hodina

Ingredience:

2 libry vepřové pečeně

3 lžíce olivového oleje

2 lžičky sušeného oregana

1 lžíce italského koření

1 lžička sušeného rozmarýnu

1 lžička bazalky, sušená

3 stroužky česneku, nasekané

¼ šálku zeleninového vývaru

Špetka soli a černého pepře

Indikace:

1. V pekáči spojte vepřovou pečeni s olejem, oreganem a ostatními přísadami, promíchejte a pečte při 390 °C 1 hodinu.

2. Pečeni nakrájejte, rozdělte s ostatními ingrediencemi na talíře a podávejte.

Nutriční informace:kalorií 580, tuky 33,6, vláknina 0,5, sacharidy 2,3, bílkoviny 64,9

Kuřecí maso a růžičková kapusta

Porce: 4

Ingredience:

1 jablko zbavené jádřinců, oloupané a nakrájené

1 nakrájená žlutá cibule

1 polévková lžíce. bio olivový olej

3 c. nakrájenou růžičkovou kapustu

1 lb mletého kuřete

Černý pepř

Indikace:

1. Rozpalte pánev na oleji na středně vysokou teplotu, přidejte kuře, zamíchejte a 5 minut opékejte.

2. Přidejte růžičkovou kapustu, cibuli, černý pepř a jablko, promíchejte, vařte 10 minut, rozdělte do misek a podávejte.

3. Bavte se!

<u>Nutriční informace:</u>Kalorie: 200, Tuky: 8 g, Sacharidy: 13 g, Bílkoviny: 9 g, Cukry: 3,3 g, Sodík: 194 mg

Kuřecí parmazán

Porce: 4

Doba vaření: 10 minut

Ingredience:

4 kuřecí prsní řízky

2 lžičky česnekového prášku

2 lžičky italského koření

Pepř podle potřeby

¼ šálku parmazánu

½ šálku strouhanky

1 šálek strouhanky

2 rozšlehaná vejce

Sprej na vaření

Indikace:

1. Kuřecí prsa zploštíme zjemňovačem masa.

2. Dochuťte česnekovým práškem, italským kořením a pepřem.

3. V míse smíchejte mandlovou mouku a parmezán.

4. Do jiné misky přidejte vejce.

5. Kuřecí řízek namočte do vajíčka a poté do mouky.

6. Postříkejte olejem.

7. Vložte do fritézy.

8. Pečte při 350 stupních F po dobu 10 minut z každé strany.

Indické kuře na kari

Porce: 6

Doba vaření: 20 minut

Ingredience:

2 lžíce kokosového oleje, rozdělené

2 (4 oz / 113 g) vykostěná kuřecí prsa bez kůže, nakrájená na malé kousky

2 střední mrkve, nakrájené na kostičky

1 malá bílá cibule, nakrájená na kostičky

1 polévková lžíce čerstvého mletého zázvoru

6 stroužků česneku, mletého

1 šálek cukrového hrachu, nakrájeného na kostičky

1 plechovka (5,4 oz / 153 g) neslazené kokosové smetany 1 lžíce neslazené rybí omáčky

1 šálek kuřecího vývaru s nízkým obsahem sodíku

½ šálku nakrájených rajčat se šťávou

1 lžíce kari

¼ lžičky mořské soli

Špetka kajenského pepře podle chuti

Čerstvě mletý černý pepř, podle chuti

¼ šálku filtrované vody

Indikace:

1. Zahřejte 1 lžíci kokosového oleje na nepřilnavé pánvi na středně vysokou teplotu, dokud se nerozpustí.

2. Přidejte kuřecí prsa na pánev a vařte 15 minut, nebo dokud teploměr s okamžitým odečtem zasunutý do nejtlustší části kuřecích prsíček nezaznamená alespoň 165ºF (74ºC). V polovině doby vaření otočte kuřecí prsa.

3. Mezitím v samostatné pánvi rozehřejte zbývající kokosový olej na středním plameni, dokud se nerozpustí.

4. Přidejte mrkev, cibuli, zázvor a česnek do pánve a opékejte 5 minut, nebo dokud cibule nebude voňavá a průsvitná.

5. Do pánve přidejte hrášek, kokosovou smetanu, rybí omáčku, kuřecí vývar, rajčata, kari, sůl, kajenský pepř, černý pepř a vodu. Míchejte, aby se dobře promíchalo.

6. Přiveďte k varu. Snižte teplotu na středně nízkou a poté 10 minut vařte.

7. Přidejte vařené kuře do druhé pánve a poté vařte 2

více minut, aby se dobře kombinovalo.

8. Nalijte kari na velký talíř a ihned podávejte.

Nutriční informace:kalorie: 223; tuk: 15,7 g; bílkoviny: 13,4 g; sacharidy: 9,4 g

; vláknina: 3,0 g; cukr: 2,3 g; sodík: 673 mg

Vepřové maso s balzamikovou omáčkou a cibulí

Porce: 4

Doba vaření: 35 minut

Ingredience:

1 žlutá cibule, nakrájená

4 šalotky, mleté

2 lžíce avokádového oleje

1 lžíce nasekaného rozmarýnu

1 lžíce nastrouhané citronové kůry

2 libry vepřové pečeně, nakrájené na plátky

2 lžíce balzamikového octa

½ šálku zeleninového vývaru

Špetka mořské soli a černého pepře

Indikace:

1. Rozpálíme pánev s olejem na střední teplotu, přidáme cibuli a šalotku a restujeme 5 minut.

2. Přidáme zbytek ingrediencí kromě masa, promícháme a 5 minut dusíme.

3. Přidejte hovězí maso, jemně promíchejte, vařte na středním plameni 25 minut, rozdělte na talíře a podávejte.

Nutriční informace:kalorií 217, tuky 11, vláknina 1, sacharidy 6, bílkoviny 14

373. SekanáPorce: 4

Doba vaření: 30 minut

Ingredience:

1 libra libového mletého hovězího masa

3 lžíce strouhanky

1 cibule, nakrájená

1 lžíce čerstvého tymiánu, nasekaného

Česnekový prášek podle chuti

Pepř podle potřeby

2 houby, nakrájené

1 lžíce olivového oleje

Indikace:

1. Předehřejte vzduchovou fritézu na 392 stupňů F.

2. Smíchejte všechny ingredience v míse.

3. Směs natlačte na malou pánev.

4. Přidejte pánev do koše vzduchové fritézy.

5. Pečte 30 minut.

Vepřové maso s hruškami a zázvorem

Porce: 4

Doba vaření: 35 minut

Ingredience:

2 zelené cibule, nakrájené

2 lžíce avokádového oleje

2 libry vepřové pečeně, nakrájené na plátky

½ šálku kokosových aminokyselin

1 lžíce zázvoru, mletého

2 hrušky zbavené jádřinců a nakrájené na měsíčky

¼ šálku zeleninového vývaru

1 lžíce nasekané pažitky

Indikace:

1. Rozpalte pánev s olejem na střední teplotu, přidejte cibuli a maso a opékejte 2 minuty z každé strany.

2. Přidejte zbytek ingrediencí, jemně promíchejte a pečte na 390 stupně F po dobu 30 minut.

3. Směs rozdělte na talíře a podávejte.

Nutriční informace:kalorií 220, tuky 13,3, vláknina 2, sacharidy 16,5, bílkoviny 8

Máslové kuře

Porce: 6

Ingredience:

8 stroužků česneku nakrájeného nadrobno

¼ c. nakrájené nízkotučné nesolené máslo

Čerstvě mletý černý pepř

6 uncí kuřecí stehna bez kůže a kostí

1 čajová lžička. citron a pepř

Indikace:

1. Do velkého pomalého hrnce vložte kuřecí stehna.

2. Kuřecí stehna rovnoměrně potřeme máslem.

3. Rovnoměrně posypeme česnekem, citronovým pepřem a černým pepřem.

4. Nastavte pomalý hrnec na nízký stupeň.

5. Přikryjte a vařte asi 6 hodin.

Nutriční informace: Kalorie: 438, Tuky: 28 g, Sacharidy: 14 g, Bílkoviny: 30 g, Cukry: 2 g, Sodík: 700 mg

Lahodné kuřecí křídla

Porce: 4-5

Ingredience:

2 polévkové lžíce. Miláček

½ tyčinky margarínu

2 polévkové lžíce. kajenský pepř

1 láhev durkee pálivé omáčky

10-20 kuřecích křídel

10 koktejlů s omáčkou Tabasco

Indikace:

1. V hlubokém hrnci rozehřejte řepkový olej. Smažte křídla, dokud nejsou vařená, asi 20 minut.

2. Ve střední misce smíchejte horkou omáčku, med, omáčku Tabasco a kajenský pepř. Dobře promíchejte.

3. Uvařená křidélka naaranžujte na savý papír. Přebytečný olej slijte.

4. Kuřecí křidélka vmícháme do omáčky do hladka.

<u>Nutriční informace:</u>Kalorie: 102, Tuky: 14 g, Sacharidy: 55 g, Bílkoviny: 23 g, Cukry: 0,3 g, Sodík: 340 mg

Penne s kuřecím masem a sněhovým hráškem

Porce: 1-2

Ingredience:

Čerstvě mletý pepř

2 ½ c. brka

1 standardní nádoba omáčka na těstoviny z rajčat a bazalky 1 c. rozpůlený a nakrájený sněhový hrášek

1 lb. kuřecí prsa

1 čajová lžička. olivový olej

Indikace:

1. Na střední pánvi rozehřejte olivový olej. Kuřecí prsa osolíme a opepříme. Kuřecí prsa opékejte asi 5 až 7 minut z každé strany.

2. Těstoviny uvaříme podle návodu na obalu. Uvařte sněhový hrášek s těstovinami.

3. Nalijte 1 hrnek vody na těstoviny. Těstoviny a hrášek sceďte, dejte stranou.

4. Jakmile je kuře uvařené, nakrájejte ho diagonálně.

5. Vraťte kuře do pánve. Přidejte omáčku na těstoviny. Pokud se vám směs zdá suchá.

6. Přidejte trochu vody na těstoviny do požadované konzistence. Zahřívejte se společně.

7. Rozdělte do misek a ihned podávejte.

Nutriční informace:Kalorie: 140, Tuky: 17 g, Sacharidy: 52 g, Bílkoviny: 34 g, Cukry: 2,3 g, Sodík: 400 mg

Kuřecí meruňková křídla

Počet porcí: 3-4

Ingredience:

1 střední sklenice meruňkového džemu

1 balíček směsi suché cibulové polévky Lipton

1 střední láhev ruského koření

2 libry kuřecí křídla

Indikace:

1. Předehřejte troubu na 350 °F.

2. Opláchněte a osušte kuřecí křídla.

3. Kuřecí křidélka naaranžujte na plech, jednu vrstvu.

4. Pečte 45 - 60 minut, v polovině otočte.

5. Ve střední misce smíchejte polévkovou směs Lipton, meruňkovou konzervu a ruské koření.

6. Jakmile jsou křidélka uvařená, pokapejte je omáčkou, dokud nebudou kousky obalené.

7. Ihned podáváme s přílohou.

Nutriční informace:Kalorie: 162, Tuky: 17 g, Sacharidy: 76 g, Bílkoviny: 13 g, Cukry: 24 g, Sodík: 700 mg

Papriková kuřecí stehna Porce: 4

Doba vaření: 20 minut

Ingredience:

4 kuřecí stehenní řízky

2 lžičky olivového oleje

1 lžička česnekového prášku

1 lžička papriky

Pepř podle potřeby

Indikace:

1. Předehřejte vzduchovou fritézu na 400 stupňů F.

2. Kuře pokapejte olejem.

3. Obě strany kuřete posypte česnekovým práškem, paprikou a pepřem.

4. Smažte na vzduchu po dobu 20 minut.

Křupavé kuře

Porce: 4

Doba vaření: 10 minut

Ingredience:

1 libra kuřecího masa

1 lžíce olivového oleje

Chléb

¼ šálku strouhanky

1 lžička papriky

Pepř podle potřeby

¼ lžičky česnekového prášku

¼ lžičky cibulového prášku

Špetka kajenského pepře

Indikace:

1. Předehřejte vzduchovou fritézu na 390 stupňů F.

2. Kuře pokapejte olivovým olejem.

3. V míse smíchejte ingredience na pečivo.

4. Kuře přikryjeme výpekem.

5. Vložte do koše vzduchové fritézy.

6. Vařte 3-5 minut.

7. Otočte a vařte další 3 minuty.

Šampion kuře

Porce: 4

Ingredience:

½ c. nakrájená brokolice

2 kolečka celozrnného pita chleba nakrájeného na polovinu

¼ c. lahvový nízkotučný rančový salátový dresink ¼ c. pekanové nebo sekané vlašské ořechy

1 ½ c. mleté vařené kuře

¼ c. světlý jogurt

¼ c. nakrájená mrkev

Indikace:

1. V malé misce prošlehejte jogurt a dresink na rančský salát.

2. Ve střední misce smíchejte kuře, brokolici, mrkev a případně vlašské ořechy. Nalijte jogurtovou směs na kuře; hodit do kabátu.

3. Na jednu polovinu pity nalijte kuřecí směs.

Nutriční informace:Kalorie: 384, Tuky: 11,4 g, Sacharidy: 7,4 g, Bílkoviny: 59,3

g, cukry: 1,3 g, sodík: 368,7 mg

Grilované kuřecí nugety

Porce: 4

Ingredience:

1 střední paprika nakrájená na kostičky

1 polévková lžíce. řepkový olej

1 c. Horká, pikantní a sladká BBQ omáčka Čerstvě mletý černý pepř

1 střední cibule nakrájená na kostičky

1 libra vykostěných kuřecích prsou bez kůže

3 nasekané stroužky česneku

Indikace:

1. Kuřecí prsa omyjeme a osušíme. Nakrájejte je na malé kousky.

2. Ve velké pánvi na středním plameni rozehřejte olej. Přidejte kuře, cibuli, česnek a papriku a vařte za stálého míchání 5 minut.

3. Přidejte barbecue omáčku a míchejte, aby se spojila. Snižte teplotu na středně nízkou a pánev přikryjte. Vařte za častého míchání, dokud není kuře propečené, asi 15 minut.

4. Odstraňte z ohně. Okoříme dle chuti čerstvě mletým černým pepřem a ihned podáváme.

Nutriční informace:Kalorie: 191, Tuky: 5 g, Sacharidy: 8 g, Bílkoviny: 27 g, Cukry: 0 g, Sodík: 480 mg

Kuře a ředkvičky *Porce: 4*

Ingredience:

10 ředkviček nakrájených na polovinu

1 polévková lžíce. bio olivový olej

2 polévkové lžíce. Nakrájená pažitka

1 c. kuřecí vývar s nízkým obsahem sodíku

4 kuřecí věci

Černý pepř

Indikace:

1. Rozpalte pánev s veškerým olejem na středně vysokou teplotu, přidejte kuře, okořeňte černým pepřem a opékejte 6 minut z obou stran.

2. Přidejte vývar a ředkvičky, snižte plamen na střední a vařte dvacet minut.

3. Přidejte pažitku, promíchejte, rozdělte na talíře a podávejte.

4. Bavte se!

Nutriční informace:Kalorie: 247, Tuky: 10 g, Sacharidy: 12 g, Bílkoviny: 22 g, Cukry: 1,1 g, Sodík: 673 mg

Kuře Katsu

Porce: 4

Doba vaření: 20 minut

Ingredience:

Katsu omáčka

2 lžíce sojové omáčky

½ šálku kečupu

1 lžíce sherry

1 polévková lžíce hnědého cukru

2 lžičky worcesterské omáčky

1 lžička česneku, mletého

Kuře

1 libra kuřecího prsního řízku, nakrájeného na plátky

Pepř podle potřeby

Štípněte česnekový prášek

1 lžíce olivového oleje

1 1/2 šálku strouhanky

Sprej na vaření

Indikace:

1. Smíchejte ingredience katsu omáčky v misce. Odložit stranou.

2. Předehřejte vzduchovou fritézu na 350 stupňů F.

3. Kuře okoříníme pepřem.

4. Kuře pokapejte olejem a posypte strouhankou.

5. Vložte do koše vzduchové fritézy.

6. Postříkejte olejem.

7. Vařte ve vzduchové fritéze 10 minut z každé strany.

8. Podáváme s omáčkou.

Kuřecí maso a sladký bramborový guláš

Porce: 4

Doba vaření: 40 minut

Ingredience:

1 polévková lžíce extra panenského olivového oleje

2 stroužky česneku, nakrájené na plátky

1 bílá cibule, nakrájená

14 uncí (397 g) rajčat, nakrájených

2 lžíce nasekaných listů rozmarýnu

Mořská sůl a mletý černý pepř, podle chuti

4 kuřecí stehna bez kůže z volného chovu

4 sladké brambory, oloupané a nakrájené na kostičky

2 lžíce listů bazalky

Indikace:

1. Troubu předehřejte na 190°C.

2. Olivový olej rozehřejte na nepřilnavé pánvi na střední teplotu, dokud se nebude třpytit.

3. Přidejte česnek a cibuli do pánve a opékejte 5 minut, nebo dokud nebudou voňavé a cibule průsvitná.

4. Přidejte rajčata, rozmarýn, sůl a mletý černý pepř a vařte 15 minut nebo do mírného zhoustnutí.

5. Kuřecí stehna a batáty naaranžujte na plech s pečicím papírem a poté směs nalijte do pánve na kuře a batáty. Míchejte, aby se dobře obalila. Zalijte dostatečným množstvím vody, aby tekutina pokryla kuře a sladké brambory.

6. Pečte v předehřáté troubě po dobu 20 minut nebo dokud vnitřní teplota kuřete nedosáhne alespoň 165ºF (74ºC).

7. Vyjměte pánev z trouby a nalijte je do velké mísy. Posypeme bazalkou a podáváme.

Nutriční informace:kalorie: 297; tuk: 8,7 g; bílkoviny: 22,2 g; sacharidy: 33,1 g

; vláknina: 6,5 g; cukr: 9,3 g; sodík: 532 mg

Rozmarýnová hovězí žebra

Porce: 4

Doba vaření: 2 hodiny

Ingredience:

680 g vykostěných hovězích žeber

½ lžičky česnekového prášku

1 lžička soli

½ lžičky čerstvě mletého černého pepře

2 lžíce olivového oleje

2 šálky hovězího vývaru s nízkým obsahem sodíku

1 šálek červeného vína

4 snítky rozmarýnu

Indikace:

1. Předehřejte troubu na 180ºC (350ºF).

2. Na čisté pracovní ploše potřete žebra česnekovým práškem, solí a černým pepřem. Nechte 10 minut odpočívat.

3. Zahřejte olivový olej na pánvi vhodné do trouby na středně vysokou teplotu.

4. Přidejte žebra a opékejte 5 minut nebo do zlatova.

Otočte žebra do poloviny. Přendejte žebra na talíř a dejte stranou.

5. Do pánve nalijte hovězí vývar a červené víno. Míchejte, aby se dobře promíchalo a přiveďte k varu. Snižte teplotu na minimum a vařte 10

minut, dokud se směs nezredukuje o dvě třetiny.

6. Vraťte žebra do pánve. Přidejte snítky rozmarýnu. Zakryjte pánev a pečte v předehřáté troubě 2 hodiny, dokud vnitřní teplota žeber nedosáhne 74 °C.

7. Přeneste žebra na velký talíř. Vyjměte snítky rozmarýnu.

Přelijte tekutinou z vaření a podávejte horké.

Nutriční informace:kalorie: 731; tuk: 69,1 g; sacharidy: 2,1 g; vláknina: 0 g; bílkoviny: 25,1 g; sodík: 781 mg

Kuřecí, pepřová a špenátová omeleta

Porce: 8

Ingredience:

¾ c. mražený nakrájený špenát

¼ lžičky česnekový prášek

¼ c. nakrájenou červenou cibuli

1 1/3 c nadrobno nakrájené vařené kuře

8 vajec

Čerstvě mletý černý pepř

1½ c. nakrájenou a nasekanou červenou papriku

Indikace:

1. Namažte velký pomalý hrnec.

2. Do mísy přidejte vejce, česnekový prášek a černý pepř a dobře prošlehejte.

3. Zbývající ingredience vložte do připraveného pomalého hrnce.

4. Vaječnou směs nalijte na kuřecí směs a jemně promíchejte, aby se spojila.

5. Přikryjte a vařte asi 2-3 hodiny.

Nutriční informace: Kalorie: 250,9, Tuky: 16,3 g, Sacharidy: 10,8 g, Bílkoviny: 16,2 g, Cukry: 4 g, Sodík: 486 mg

Speciál pečené kuře

Porce: 4

Ingredience:

15 oz. propláchnutá čočka

¼ c. nízkotučný bílý jogurt

1 malá cibule nakrájená

4 c. vykostěné, bez kůže, pečené kuře 2 lžičky. prášek kari

1 1/2 lžičky. Řepkový olej

14 oz. pečená nakrájená rajčata

¼ lžičky sůl

Indikace:

1. Zahřejte olej ve velkém těžkém hrnci na středně vysokou teplotu.

2. Přidejte cibuli a vařte za stálého míchání, dokud nezměkne, ale nezhnědne, 3 až 4 minuty.

3. Přidejte kari a vařte za stálého míchání, dokud se nespojí s cibulí a intenzivně voní, 20 až 30 sekund.

4. Vmíchejte čočku, rajčata, kuřecí maso a sůl a za častého míchání vařte, dokud se neprohřeje.

5. Sundejte z plotny a vmíchejte jogurt. Ihned podávejte.

Nutriční informace:Kalorie: 307, Tuky: 6 g, Sacharidy: 30 g, Bílkoviny: 35 g, Cukry: 0,1 g, Sodík: 361 mg

Kuřecí Taquitos

Porce: 6

Doba vaření: 20 minut

Ingredience:

1 lžička rostlinného oleje

1 cibule, nakrájená

2 lžíce zeleného pepře, mletého

1 stroužek česneku, nasekaný

1 šálek kuřete, vařené

2 lžíce horké omáčky

½ šálku sýra s nízkým obsahem sodíku

Pepř podle potřeby

Kukuřičné tortilly, ohřáté

Sprej na vaření

Indikace:

1. Nalijte na pánev na střední teplotu.

2. Cibuli, zelené chilli a česnek vařte 5 minut za častého míchání.

3. Přidejte zbytek ingrediencí kromě tortilly.

4. Vařte 3 minuty.

5. Přidejte směs na tortilly.

6. Tortilly srolujte.

7. Předehřejte vzduchovou fritézu na 400 stupňů F.

8. Vložte do koše vzduchové fritézy.

9. Vařte 10 minut.

Pečené kuře a avokádo

Porce: 4

Ingredience:

2 stonky zelené cibule nakrájené na tenké plátky

Rozmačkané avokádo

170 g nízkotučného řeckého jogurtu

1 ¼ g soli

4 kuřecí prsa

15 g zčernalého koření

Indikace:

1. Začněte vložením kuřecích prsou do plastového sáčku na zip s černěným dresinkem. Uzavřete a protřepejte, poté marinujte asi 2-5 minut.

2. Zatímco se kuře marinuje, dejte do mixéru řecký jogurt, avokádové pyré a sůl a rozmixujte dohladka.

3. Umístěte velkou pánev nebo litinovou pánev na sporák na střední teplotu, pánev namažte a vařte kuře, dokud nebude propečené. Na každou stranu

budete potřebovat asi 5 minut. Snažte se však šťávu nevysušit a podávejte, jakmile je maso propečené.

4. Navrch přidejte jogurtovou směs.

Nutriční informace:Kalorie: 296, Tuky: 13,5 g, Sacharidy: 6,6 g, Bílkoviny: 35,37

g, Cukry: 0,8 g, Sodík: 173 mg

Pečená kachní prsa z pěti koření

Porce: 4

Ingredience:

1 čajová lžička. pět koření v prášku

¼ lžičky kukuřičný škrob

2 pomerančová šťáva a kůra

1 polévková lžíce. sojová omáčka s nízkým obsahem sodíku

2 libry vykostěných kachních prsou

½ lžičky. kóšer sůl

2 lžičky Miláček

Indikace:

1. Předehřejte troubu na 375 °F.

2. Umístěte na prkénko kachnu kůží dolů. Odstřihněte všechnu přebytečnou kůži, která visí po stranách. Otočte a udělejte tři paralelní a diagonální řezy do kůže každého prsu, přičemž ořízněte tuk, ale ne maso. Posypte obě strany práškem z pěti koření a solí.

3. Umístěte kachnu kůží dolů do žáruvzdorné pánve na středně nízkou teplotu.

4. Vařte, dokud se tuk nerozpustí a kůže nebude zlatavě hnědá, asi 10 minut. Přeneste kachnu na talíř; vylijeme všechen tuk z pánve. Vraťte kachnu na pánev kůží nahoru a přendejte do trouby.

5. Kachnu pečte 10 až 15 minut při střední teplotě, v závislosti na velikosti prsou, dokud teploměr zasunutý do nejtlustší části nezaznamená 150 °F.

6. Přeneste na prkénko; nechte 5 minut stát.

7. Odstraňte zbývající tuk z pánve (pozor, rukojeť bude stále horká); umístěte pánev na středně vysokou teplotu a přidejte pomerančovou šťávu a med. Přiveďte k varu a míchejte, abyste seškrábali všechny zhnědlé kousky.

8. Přidejte pomerančovou kůru a sójovou omáčku a pokračujte ve vaření, dokud se omáčka mírně nezredukuje, asi 1 minutu. Vmíchejte směs kukuřičného škrobu a poté zašlehejte do omáčky; vaříme za míchání do mírného zhoustnutí, 1

minuta.

9. Odstraňte kachní kůži a prsní maso nakrájejte na tenké plátky. Zalijeme pomerančovou omáčkou.

Nutriční informace:Kalorie: 152, Tuky: 2 g, Sacharidy: 8 g, Bílkoviny: 24 g, Cukry: 5 g, Sodík: 309 mg

Vepřová žebírka s rajčatovou omáčkou Počet porcí: 4

Doba vaření: 15 minut

Ingredience:

4 vepřové kotlety

1 lžíce olivového oleje

4 šalotky, mleté

1 lžička kmínu, mletého

½ lžíce pálivé papriky

1 lžička česnekového prášku

Špetka mořské soli a černého pepře

1 malá červená cibule, nakrájená

2 nakrájená rajčata

2 lžíce limetkové šťávy

1 jalapeno, nakrájené

¼ šálku koriandru, nasekaného

1 polévková lžíce limetkové šťávy

Indikace:

1. Rozpálíme pánev s olejem na střední teplotu, přidáme šalotku a 5 minut restujeme.

2. Přidejte hovězí maso, kmínovou papriku, česnekový prášek, sůl a pepř, promíchejte, opékejte 5 minut z každé strany a rozdělte na talíře.

3. V misce spojte rajčata s ostatními ingrediencemi, promíchejte, rozdělte na vepřové kotlety a podávejte.

Nutriční informace:kalorií 313, tuky 23,7, vláknina 1,7, sacharidy 5,9, bílkoviny 19,2

Toskánské kuře s rajčaty, olivami a cuketou

Porce: 4

Doba vaření: 20 minut

Ingredience:

4 vykostěné půlky kuřecích prsou bez kůže, naklepané na ½ až ¾ palce

1 lžička česnekového prášku

½ lžičky mořské soli

⅛ lžičky čerstvě mletého černého pepře

2 lžíce extra panenského olivového oleje

2 šálky cherry rajčat

½ šálku nakrájených zelených oliv

1 cuketa, nakrájená

¼ šálku suchého bílého vína

Indikace:

1. Na čisté pracovní ploše potřete kuřecí prsa česnekovým práškem, solí a mletým černým pepřem.

2. Olivový olej rozehřejte na nepřilnavé pánvi na středně vysokou teplotu, dokud se nebude třpytit.

3. Přidejte kuře a vařte 16 minut, nebo dokud vnitřní teplota nedosáhne alespoň 74ºC. V polovině doby pečení kuře otočte. Přendejte na velký talíř a přikryjte hliníkovou fólií, aby zůstaly teplé.

4. Přidejte rajčata, olivy a cuketu do pánve a restujte 4 minuty nebo dokud zelenina nezměkne.

5. Do pánve přidejte bílé víno a vařte 1 minutu.

6. Odstraňte alobal a kuře ozdobte zeleninou a šťávou z ní a podávejte horké.

Nutriční informace:kalorie: 172; tuk: 11,1 g; bílkoviny: 8,2 g; sacharidy: 7,9 g; vláknina: 2,1 g; cukr: 4,2 g; sodík: 742 mg

Chutné bylinkové vepřové maso

Porce: 4

Doba vaření: 10 minut

Ingredience:

1 lb. dušeného vepřového masa, nakrájeného na nudličky

3 lžíce olivového oleje

4 šalotky, mleté

2 lžíce citronové šťávy

2 lžíce balzamikového octa

2 šálky míchaného salátu

1 avokádo, oloupané, vypeckované a nakrájené na kostičky 1 okurka, nakrájená na plátky

2 nakrájená rajčata

Špetka soli a černého pepře

Indikace:

1. Na středním plameni rozehřejte pánev se 2 lžícemi oleje, přidejte šalotku, maso a citronovou šťávu, promíchejte a vařte 10

minut.

2. V salátové míse smícháme salátovou zeleninu s masem a ostatními přísadami, promícháme a podáváme.

Nutriční informace:kalorií 225, tuky 6,4, vláknina 4, sacharidy 8, bílkoviny 11

Vepřové maso a zelené fazolky

Porce: 4

Doba vaření: 40 minut

Ingredience:

2 libry dušeného vepřového masa, kostky

2 lžíce avokádového oleje

½ šálku zelených fazolek, oloupaných a rozpůlených

2 lžíce limetkové šťávy

1 šálek kokosového mléka

1 lžíce nasekaného rozmarýnu

Špetka soli a černého pepře

Indikace:

1. Rozpalte pánev s olejem na střední teplotu, přidejte maso a opékejte 5 minut.

2. Přidejte zbytek ingrediencí, jemně promíchejte, přiveďte k varu a vařte na středním plameni dalších 35 minut.

3. Směs rozdělte na talíře a podávejte.

<u>Nutriční informace:</u>kalorií 260, tuky 5, vláknina 8, sacharidy 9, bílkoviny 13

Zdravá kuřecí prsa

Porce: 4

Doba vaření: 20 minut

Ingredience:

4 kuřecí prsní řízky

½ lžičky sušeného oregana

½ lžičky česnekového prášku

Pepř podle potřeby

Sprej na vaření

Indikace:

1. Kuře ochutíme oreganem, česnekovým práškem a pepřem.

2. Postříkejte olejem.

3. Vložte do koše vzduchové fritézy.

4. Smažte vzduchem při 360 stupních F po dobu 10 minut z každé strany.

Vepřové maso s cuketou a rajčaty s chilli

Porce: 4

Doba vaření: 35 minut

Ingredience:

2 nakrájená rajčata

2 libry dušeného vepřového masa, kostky

4 šalotky, mleté

2 lžíce olivového oleje

1 cuketa, nakrájená na plátky

Šťáva z 1 limetky

2 polévkové lžíce chilli

½ lžíce mletého kmínu

Špetka mořské soli a černého pepře

Indikace:

1. Rozpálíme pánev s olejem na střední teplotu, přidáme šalotku a 5 minut restujeme.

2. Přidejte maso a restujte dalších 5 minut.

3. Přidejte rajčata a ostatní ingredience, promíchejte, vařte na středním plameni dalších 25 minut, rozdělte na talíře a podávejte.

Nutriční informace:kalorií 300, tuky 5, vláknina 2, sacharidy 12, bílkoviny 14

Vepřové maso s olivami

Porce: 4

Doba vaření: 40 minut

Ingredience:

1 žlutá cibule, nakrájená

4 vepřové kotlety

2 lžíce olivového oleje

1 lžíce sladké papriky

2 lžíce balzamikového octa

¼ šálku oliv kalamata, zbavených pecek a nakrájených

1 lžíce nasekaného koriandru

Špetka mořské soli a černého pepře

Indikace:

1. Rozpálíme pánev s olejem na střední teplotu, přidáme cibuli a restujeme 5 minut.

2. Přidejte maso a restujte dalších 5 minut.

3. Přidejte zbytek ingrediencí, promíchejte, vařte na středním plameni 30 minut, rozdělte na talíře a podávejte.

Nutriční informace:kalorií 280, tuků 11, vlákniny 6, sacharidů 10, bílkovin 21

Losos s koprovou paštikou

Porce: 4

Doba vaření: 0 minut

Ingredience:

šest uncí vařeného lososa, zbavené kostí a kůže 1 lžíce nasekaného čerstvého kopru

½ lžičky mořské soli

¼ šálku husté smetany (na šlehání)

Indikace:

1. Vezměte mixér nebo kuchyňský robot (nebo místo toho velkou mísu s mixérem), smíchejte citronovou kůru, lososa, smetanu, kopr a sůl.

2. Mixujte, dokud nezískáte správnou konzistenci smoothie.

Nutriční informace:Sacharidy 0,4 g bílkovin; 25,8 g Celkový tuk: 12 g Kalorie: 199 Cholesterol: 0,0 mg Vláknina: 0,8 g Sodík: 296 mg

Pečená jablka s kořením Chai

Porce: 5

Doba vaření: 3 hodiny

Ingredience:

5 jablek

½ šálku vody

½ šálku nasekaných pekanových ořechů (volitelně)

¼ šálku rozpuštěného kokosového oleje

1 lžička skořice v prášku

½ lžičky mletého zázvoru

¼ lžičky mletého kardamomu

¼ lžičky mletého hřebíčku

Indikace:

1. Každé jablko zbavte jádřinců a z horní části každého oloupejte tenký proužek.

2. Přidejte vodu do pomalého hrnce. Jemně položte každé jablko svisle podél dna.

3. V malé misce smíchejte pekanové ořechy (pokud používáte), kokosový olej, skořici, zázvor, kardamom a hřebíček.

4. Směsí potřeme vršky jablek.

5. Hrnec přikryjte a nastavte na maximum. Pečte 2 až 3 hodiny, dokud jablka nezměknou a podávejte.

Nutriční informace:Kalorie: 217 Celkový tuk: 12 g Celkový počet sacharidů: 30 g Cukr: 22 g Vláknina: 6 g Bílkoviny: 0 g Sodík: 0 mg

Křupavé a chutné broskve

Porce: 6

Doba vaření: 20 minut

Ingredience:

Plnicí:

6 broskví, rozpůlených

1 lžíce kokosového cukru

1 lžička skořice v prášku

½ lžíce másla, nakrájeného na kostičky

Těsnění:

½ šálku univerzální mouky

½ hrnku kokosového cukru

¼ lžičky mleté skořice

¼ šálku veganského másla, nakrájeného na kostky

Indikace:

1. Přidejte broskve do malé dortové formy.

2. Přidejte zbytek ingrediencí na náplň.

3. V míse smícháme ingredience na náplň.

4. Polevu rozetřete na broskvovou směs.

5. Smažte vzduchem při 350 stupních F po dobu 20 minut.

Broskvová omáčka

Porce: 2

Doba vaření: 0 minut

Ingredience:

½ šálku bez tuku: jogurt

1 šálek broskví, nakrájených

Špetka mleté skořice

Špetka muškátového oříšku, mletá

Indikace:

1. V misce smíchejte jogurt a přitom použijte broskve, skořici a muškátový oříšek.

2. Prošlehejte a rozdělte do malých misek a podávejte.

Nutriční informace:Kalorie: 165 Tuky: 2 g Vláknina: 3 g Sacharidy: 14 g Bílkoviny: 13 g

Mrkev a dýňová semínka

Doba vaření: 15 minut

Ingredience:

1⅓ šálku dýňových semínek

½ šálku balené nastrouhané mrkve (asi 1 mrkev) 3 lžíce nasekaného čerstvého kopru

¼ lžičky mořské soli

2 lžíce extra panenského olivového oleje

Indikace:

1. Předehřejte troubu na 180ºC (350ºF). Plech vyložte pečicím papírem.

2. Rozemlejte dýňová semínka v kuchyňském robotu, poté přidejte mrkev, kopr, sůl a olivový olej do kuchyňského robotu a rozmixujte, aby se dobře spojila.

3. Nalijte je do připravené pánve a poté pomocí stěrky vytvořte obdélník.

4. Obdélník vyložte listem pergamenu a poté válečkem vyrovnejte obdélník na tloušťku asi ⅛ palce.

5. Odstraňte pergamenový papír potažený na obdélníku a ostrým nožem jej rozřízněte na 40 malých obdélníků.

6. Vložte plech do předehřáté trouby a pečte 15

minut nebo do zhnědnutí a křupava.

7. Krekry přeneste na velký talíř a před podáváním nechte několik minut vychladnout.

Nutriční informace:(4 sušenky) kalorie: 130; tuk: 11,9 g; bílkoviny: 5,1 g; sacharidy: 3,8 g; vláknina: 1,0g; cukr: 0 g; sodík: 66 mg

Avokádové hranolky

Porce: 8

Doba vaření: 10 minut

Ingredience:

2 avokáda, nakrájená na proužky

Suchá směs

½ šálku strouhanky

½ lžičky cibulového prášku

1 lžička česnekového prášku

½ lžičky mleté papriky

½ lžičky kurkumového prášku

Mokrá směs

½ šálku mouky

½ lžičky mleté papriky

½ lžičky kurkumového prášku

½ šálku mandlového mléka

1 lžička horké omáčky

Indikace:

1. Ingredience na suchou směs smíchejte v míse.

2. V jiné míse smíchejte ingredience mokré směsi.

3. Každý proužek avokáda ponořte do mokré směsi a poté přikryjte suchou směsí.

4. Přidejte do koše vzduchové fritézy.

5. Vařte ve fritéze 5 minut.

6. Odklopte a vařte dalších 5 minut.

www.ingramcontent.com/pod-product-compliance
Lightning Source LLC
Chambersburg PA
CBHW070420120526
44590CB00014B/1469